Gudrun Kugler

Niemand ist eine Insel

Gudrun Kugler

Niemand ist eine Insel

Wie man den Partner
fürs Leben findet

Pattloch

Besuchen Sie uns im Internet:
www.pattloch.de

FSC
www.fsc.org
MIX
Papier aus ver-
antwortungsvollen
Quellen
FSC® C019821

Illustrationen: Belicta Castelbarco, Hamburg
Redaktion: Michael Schönberger
Umschlaggestaltung: ZERO Werbeagentur, München
Umschlagabbildung: © Reitze de la Maza
Illustrationen im Innenteil von Belicta Castelbarco
Satz: Adobe InDesign im Verlag
Druck und Bindung: C. H. Beck, Nördlingen
Printed in Germany
ISBN 978-3-629-02292-9

2   4   5   3

*Mein besonderer Dank gilt Bernhard Meuser,
P. Tilman Beller, Walter Nitsche,
Fr. Thomas Bolin, Dorothy Cummings,
Amy Buonaccorso, Michael Schönberger
und meinem Mann Martin.*

Ein Wordrap mit
Mutter Teresa von Kalkutta

Der schönste Tag? Heute!
Das größte Hindernis? Die Angst!
Das Leichteste? Sich irren!
Die Wurzel aller Übel? Der Egoismus!
Die schönste Zerstreuung? Die Arbeit!
Die schlimmste Niederlage? Die Mutlosigkeit!
Die besten Lehrer? Die Kinder!
Die erste Notwendigkeit? Sich mitteilen!
Was mich am glücklichsten macht?
Nützlich für andere sein!
Der schlimmste Fehler? Die schlechte Laune!
Das gemeinste Gefühl? Rache und Groll!
Das schönste Geschenk? Das Verständnis!
Das Unentbehrlichste? Das Daheim!
Die wohltuendste Empfindung? Der innere Frieden!
Die beste Lösung? Der Optimismus!
Die größte Genugtuung? Die erfüllte Pflicht!
Die stärkste Kraft der Welt? Der Glaube!
Die notwendigsten Menschen? Die Eltern!
Das Schönste auf der Welt? Die Liebe!

Inhalt

Vorwort

Die richtigen Leute zusammenzubringen ...

... hat mir schon immer einen Riesenspaß gemacht. Ich sehe es als eine Art Freundschaftsdienst, Partnersuchenden ein bisschen unter die Arme zu greifen, damit sie schneller zueinanderfinden. Ich habe einfach ein Sensorium dafür, wer zu wem passt. Eines Tages machte ich mein Hobby zum Beruf: Seit 2005 leite ich die katholische Online-Heiratsbörse kathTreff. Neben unserem Angebot im Internet veranstalten wir Seminare und Freizeiten für Singles. 2009 kam unser erstes Buch heraus.

Aus meinen Gesprächen und Erlebnissen mit Singles entstanden zuerst Vorträge und Interviews – und nun dieses Buch. Ich bin keine Psychologin und keine Beziehungstrainerin. Aber ich habe mit unzähligen Partnersuchenden gesprochen, habe mit Experten gearbeitet, Paare beobachtet, Bücher gelesen und eigene Erlebnisse und die meiner Freunde analysiert. Aus alldem habe ich eine Reihe von »Lebensregeln« abgeleitet.

Lebensregeln aufzustellen bedeutet immer, sich weit aus dem Fenster zu lehnen. Ich glaube, dass ein paar vernünftige Grundsätze mehr Orientierung geben als gutgemeinte Fallstudien. Bestimmt werden die Leserinnen und Leser manche Dinge anders erlebt haben und die eine oder andere Regel als mehr oder weniger brauchbar empfinden. Das ist auch vollkommen in Ordnung.

Wenn ich mit meinem Leib- und Magenthema mal wieder in einer Talkshow auftrete, wünschen mir freundliche Anrufer oft, dass ich doch bald den richtigen Partner finden möge. Sorry! Ich habe ihn schon. Ich bin seit 2004 verheiratet. Ich habe einen tollen Mann und fühle mich bei ihm ganz und gar zu Hause. Was kann eine verheiratete Frau zum Thema Single sagen? Ich finde, sehr viel: Denn ich schreibe für alle, die nicht Single bleiben wollen. Zwar habe ich das »Etappenziel« Traualtar erreicht, aber ich habe darüber nicht vergessen, welche Ängste und Illusionen auf diesem Weg lauern. Oder glauben Sie, dass notorische Langzeitsingles wirklich die besseren Tipps für die Partnersuche auf Lager haben?

Warum gibt es so viele Singles?

Immer weniger Leute lassen sich auf eine Partnerschaft ein. Die statistische Kurve der Eheschließungen saust rapide in den Keller, dafür steigen die Scheidungszahlen auf Rekordniveau. Singlehaushalte boomen. Warum ist das so? Dafür gibt es viele Gründe:

Wenige Menschen bleiben aufgrund bestimmter, oft unverschuldeter Eigenschaften ohne Partner. Manchmal liegt es am Äußeren, dass sie niemanden finden. Vielleicht haben sie eine Krankheit, die für einen anderen schwer zu tragen wäre, oder sie sind psychisch nicht stabil genug.

Manche haben Pech in ihren äußeren Umständen: Wer in einer kleinen Gemeinde lebt, wer beruflich und in der Freizeit immer mit den gleichen Leuten zu tun hat, schließt oft nur wenige neue Bekanntschaften.

Manch einer sucht nicht nur eine Gefährtin oder einen Gefährten – es soll gleich das »Alter Ego« sein, und er fragt sich vergeblich, wo finde ich meinen Seelenverwandten? Viele suchen gleich den Himmel auf Erden: Welcher Kandidat kann diesen Anforderungen genügen?

Einige sind sich unsicher bezüglich ihrer männlichen oder weiblichen Identität: Gibt es jemand, der mich annehmen kann, so wie ich bin? Hier zeigt sich, dass die sogenannte »vaterlose Gesellschaft« Folgen hat: Wen soll frau heiraten, wenn Mann nicht zu einer männlichen Identität findet?

Vielen werden die eigenen Entscheidungen zum Verhängnis: Wer viele Jahren lang mit der/dem »Falschen« zusammen war und zu spät einen Schlussstrich gezogen hat, hat sich in eine ungünstige Ausgangsposition manövriert.

Wer charakterliche Defizite hat oder einfach nur schüchtern ist und nicht daran arbeitet, könnte auch selbst schuld sein. Wer zu beschäftigt ist, um eine Partnerschaft zu suchen und zu pflegen, darf sich nicht wundern, wenn er alleine bleibt.

Manchen geht Freiheit über alles: Sollte man sich nicht ein paar Türen offen halten? Andere schreiben das Wort Sicherheit ganz groß: Bindung erscheint ihnen als Risiko.

So manch einer kämpft mit der eigenen Skepsis: Kann denn eine Ehe überhaupt gelingen? »Lebenslang« klingt wie eine Verurteilung! Ist das Risiko der Liebe denn nicht viel zu groß?

Statistisch gesehen werden sich die meisten Leserinnen und Leser früher oder später vor dem Traualtar wiederfinden. Dieses Buch soll Sie auf dem Weg dorthin vor unnötigen Umwegen bewahren.

»Ehen werden im Himmel geschlossen«, sagt man.

Das stimmt sicherlich. Aber alles, was in unserer Macht steht, sollten wir dazu beitragen! Dazu schrieb ich dieses Buch – mit seinen kleinen Lebensregeln, mit Erlebnissen aus dem wahren Leben, mit Erfahrungen von Liebesglück und Liebesleid, mit einer Fülle von Anregungen, Orientierungshilfen und praktischen Hinweisen. Na, und dann soll Ihnen dieses Buch über die Liebe auch einfach Spaß machen: Ich wünsche Ihnen gute Unterhaltung und wertvolle Einsichten!

Dr. Gudrun Kugler
Wien, im Frühling 2012

PS: Es stört mich, dass ich in den Lautsprecherdurchsagen eines bekannten Möbelhauses *geduzt* werde. Lange überlegte ich, wie ich Sie in diesem Buch am besten anreden sollte. Die übliche Ratgeberliteratur arbeitet mit »Sie«, und man fühlt sich, als wäre man in Therapie. Dafür stehen Sie mir – wenn auch unbekannterweise – zu nahe! Machen wir es so: Ich duze die Leser dieses Buches, und Sie dürfen mich bei Gelegenheit ebenfalls duzen.

Kapitel 1
Wer ist der Richtige?

Einfach ja sagen?

Ich habe mit 27 Jahren geheiratet. Davor machte ich zehn Jahre lang interessante Bekanntschaften. Alle Arten von Männern waren dabei: der perfekte Familienvater, der exotische Abenteurer, der sensible Künstler und der charmante Selbstdarsteller. Bei jedem von ihnen dachte ich mindestens einen Moment lang: He, das könnte er doch sein! *Mister Perfect!* Doch bei allen stellte sich früher oder später die Gewissheit ein: Nein, der ist es nicht. Meistens wusste ich nicht einmal, wieso.

Seit vielen Jahren arbeite ich mit Menschen, die einen Partner fürs Leben suchen. *Wie weiß man denn, wer der Richtige ist?* Das ist eine der klassischen Fragen aller. Manche denken dabei an den Partner, mit dem sie gerade zusammen sind. Andere fragen es sich, wenn sie von einem zukünftigen Partner träumen. Und viele fragen sich so, wenn sie an ihre verflossenen Lieben denken: Warum nur ist diese Beziehung, die so hoffnungsvoll begonnen hatte, damals in Brüche gegangen? War es richtig, dass ich ihn verlassen habe?

Auf einer unserer Winter-Singlefreizeiten ergab sich ein spannendes Gespräch. Mal wieder ging es um die beliebte Frage: Warum haben wir Mister oder Miss Perfect noch nicht gefunden? Lukas, ein großer junger Mann mit vorlauter Klappe erzählte uns Folgendes: »Wenn ich eine dringende Frage an den lieben Gott habe, werfe ich sie zu ihm in die Höhe«, und illustrierte mit seinen großen Händen die Wurfbewegung steil nach oben, über seinen Kopf hinweg. »Und?«, wollten alle wissen. »Meistens fällt sie einfach wieder auf mich herunter.« Großes Gelächter in der Runde. »Nicht lachen«, meinte Lukas, »als mir nämlich letzthin die Frage ›Warum habe ich die Frau meines Lebens noch nicht gefunden?‹ auf den Kopf fiel, habe ich plötzlich verstanden, dass ich mich selbst fragen muss: ›Hast du denn jemals ja gesagt?‹«

Einfach ja sagen? Das kann ja voll danebengehen.

Jeder kennt das Sprichwort: Da ist kein Topf, für den es nicht *einen* Deckel gibt. Im Topfgeschäft stimmt das vielleicht. Aber schon nicht mehr in meiner Küche. Dort gibt es nur einen einzigen riesigen Deckel, der alle Töpfe bedecken muss, die ganz kleinen und die ganz großen. Zugegeben, sehr praktisch ist das nicht. Aber gekocht wird trotzdem. Um es gleich vorweg zu sagen: Ich glaube nicht an die romantische Vorstellung, dass es nur den *einen* Richtigen, die *eine* Richtige für mich gibt! Da wäre es ja sehr unwahrscheinlich, dass genau dieser Eine irgendwo in meiner Nähe lebt, dass ihn das Schicksal an meine Seite beordert und ins richtige Jahrhundert gebeamt hat! Wenn das stimmen würde, hätten ja auch Witwer keine reelle zweite Chance.

Der Mythos vom »einen Richtigen« geht auf den Philosophen Platon zurück. In seinem »Symposion« lässt er den Dichter Aristophanes die Entstehung der Geschlechter erklären: Auf der Erde lebten Kugelmenschen, die je vier Hände und Füße und zwei entgegengesetzte Gesichter auf einem Kopf hatten. Sie waren stark und schnell und übermütig – und wurden den Göttern gefährlich. Zur Strafe zerschnitt der Göttervater Zeus jeden von ihnen in zwei Hälften. Seitdem haben beide eine Sehnsucht danach, sich mit dem jeweils anderen Teil wieder zu vereinen. Diese Sehnsucht wird als Liebe bezeichnet. »Wenn nun dabei einmal der liebende Teil … auf seine wirkliche andere Hälfte trifft, dann werden sie von wunderbarer Freundschaft, Vertraulichkeit und Liebe ergriffen und wollen, um es kurz zu sagen, auch keinen Augenblick voneinander lassen.«[1]

Freundschaft, Vertrautheit und Liebe und keinen Augenblick voneinander lassen. Das ist so schön, dass wir gerne an die Theorie der einzig richtigen anderen Hälfte glauben wollen. Aber das brauchen wir gar nicht – denn all das können wir auch bei dem haben, den wir zu unserer zweiten Hälfte ernannt haben.

Man muss den Richtigen nicht *finden*, liebe Leserinnen und Leser! Man muss sich für einen *entscheiden*, der dadurch der *Richtige* wird. Die Frage lautet nicht, ob Roland oder Robert der Richtige ist, sondern ob *ich* lieber mit dem einen oder dem anderen leben möchte! Für diese Entscheidung muss ich nun aber die »richtigen« Kriterien anwenden.

In einem früheren Job musste ich einmal nach Indien reisen. In einer westlich geprägten Metropole besuchten wir am späten Abend noch einen Club und lernten junge Inderinnen und Inder kennen. Ich traute meinen Ohren nicht: Eine junge Frau mit Handy und E-Mail-Adresse erzählte, sie werde in wenigen Wochen einen ihr unbekannten Mann, ausgesucht von Eltern und Verwandten, heiraten. Und sie strahlte! Ich befragte andere junge Ehepaare – und siehe da, *arranged marriages* scheinen so richtig gut zu funktionieren! Ein ebenso an eine Unbekannte verheirateter Inder sagte freimütig: »Es hat ein Jahr gedauert, bis ich sie geliebt habe.«

Dieser Satz fasziniert mich noch heute. Der Weg

---

1 Platon, Symposion 193.

zur Liebe machte Mühe, aber er war gleichzeitig ein gelassenes Warten. Der junge Mann wurde in seinem traditionellen Kontext von einer generationenübergreifenden kulturellen Gewissheit getragen, dass Liebe sich einstellen wird. Und dann ist die Liebe auch tatsächlich gekommen. Das ist kein Patentrezept für unsere Art zu lieben und zu heiraten, aber es ist ein wichtiges Korrektiv: Lieben ist ein Tunwort.

Vielleicht haben uns die Inder darin etwas voraus, dass die Ehe für sie nicht Hafen, Himmel auf Erden oder Angekommensein bedeutet. Sie begreifen sie eher als eine vernünftige Lebensform: Gemeinsam lassen sich existenzielle Härten leichter bewältigen. Die Ehe ist für sie eine Lebensweise, bei der zwei Menschen füreinander verantwortlich sind, Stärken und Schwächen inklusive, damit das Leben leichter zu meistern ist.

Vor einigen Generationen war es auch bei uns so, dass sich die Großfamilie um passende Kandidaten umsah. Heute kann man sich dies nicht mehr gut vorstellen, wenn Eltern froh sein können, wenn sie eine SMS bekommen: »Hallo, Leute, ich bin jetzt mit dem Paul zusammen!« Paul? Und was heißt »zusammen«? Meine Großmutter war gelernte Verkäuferin. Ihre Tanten stellten sie meinem Großvater vor – der hatte nämlich einen Lebensmittelhandel. Perfekt, oder? Na ja, ob die beiden zusammenpassen, fragte man sich nicht wirklich. Wir haben heute einiges dazugelernt, dafür aber auch anderes wieder vergessen. Die fieberhafte Suche nach dem *einen Richtigen,* nach der anderen Kugelhälfte, hat ein romantisierendes Missverständnis von Ehe hervorgebracht. Man könnte es *vorprogrammierte Frustration* nennen. In diesem Missverständnis hat der andere mein Himmel auf Erden zu sein. Und wenn er das nicht schafft, wird er irgendwann abserviert.

Wenn der Richtige also der ist, *für den man sich entscheidet,* worauf muss man dann bei dieser Entscheidung achten? Im Folgenden fasse ich die wichtigsten Kriterien und Entscheidungshilfen zusammen. Einige davon hatten bereits die Tanten meiner Großmutter und die Verwandten der schicken Inderin auf der Agenda, andere aber mit großer Wahrscheinlichkeit nicht.

Sind die Grundvoraussetzungen gegeben?

Als Erstes muss man sich über die Grundvoraussetzungen jeder ernsthaften Bindung im Klaren sein. Sie
haben noch nichts mit »Zusammenpassen« zu tun. Ich
muss Gewissheit bekommen, ob ich selbst schon weit
genug bin, um mich an einen anderen Menschen binden zu können. Und dann muss ich Gewissheit haben,
dass auch der andere, auf den ich ein Auge geworfen
habe, reif genug ist für eine echte Partnerschaft.

Ist er ein *Mann* oder noch ein *Junge?* Ein Junge spielt.
Ein Mann übernimmt Verantwortung. Ein Mann muss
einer Frau Sicherheit geben können: Ich kriege das
schon hin – für dich. Ich erinnere mich an meine
Freundin, die schöne, erfolgreiche Natalie, die den
jungen Politiker Federico geheiratet hatte: Wir hatten
Schwierigkeiten in Rom und baten sie um Hilfe. »Just
ask Federico!« Knapp. Knackig. Klar. Das faszinierte
mich. Mädels, ist das nicht schön, so etwas sagen zu
können? Ist es nicht genau das, was wir uns sehnsüch-
tig wünschen? Ein Mann, der uns mit seiner Stärke,
seiner Entschiedenheit, seiner Ausdauer Geborgenheit gibt? Er wird es irgendwie hinkriegen, ich brauche mir keinen Kopf zu machen … Klar leben wir
Frauen heute selbständig und selbstbestimmt; wir verdienen unser eigenes Geld und wissen, was wir wollen. Dennoch erleben wir einen Urinstinkt, der uns
nach Sicherheit und Geborgenheit suchen lässt. Und
noch ein kleiner Tipp: Wenn wir mal mit Kinderkriegen und -versorgen beschäftigt sind, wird diese Ge-

borgenheit wieder essenziell, egal wie selbständig und erfolgreich wir sind!

Ein Junge ist noch auf der Suche nach sich selbst. Wenn er ein Mann ist, ist er authentisch, gefestigt. Er kennt seine Aufgaben und hat sich so weit selbst in der Hand, dass er Entscheidungen treffen kann, vor allem die Entscheidung, weitere Verantwortung zu übernehmen. Er ruht in sich und gestaltet aus dieser Ruhe heraus.

Ist sie ein *Mädchen* oder eine *Frau?* Solange eine junge Frau noch ein Mädchen ist, will sie beeindrucken. Sie freut sich über neidische Blicke und möchte sich überlegen fühlen. Eine Frau ist ein Beziehungswesen, das den Triumph der Überlegenheit nicht mehr braucht. Sie hat ihren Sinn im *Sein* gefunden. Aus dem Sein wird *Dasein;* und aus dem Dasein wird ein *Zuhause.* Frauen haben eine unendliche Sehnsucht nach Liebe. Und oft sind wir anlehnungsbedürftig. Das dürfen wir auch sein! Nicht Stärke und Unabhängigkeit bezeugen den Übergang vom Mädchen zur Frau, sondern das Ablegen des Bedürfnisses, um jeden Preis bewundert zu werden.

Bin ich, ist er partnerschaftsfähig? Partnerschaftsfähig ist man, wenn man sich selber mag, und wenn man sich selber nicht mehr als das Allerwichtigste ansieht.[2]

Hat er einen guten Charakter? Um mit einem anderen Menschen glücklich alt zu werden, ist es wichtig, dass er einen guten Charakter hat. Dies lässt sich nicht mit einem Blick feststellen, aber wenn man den Blick

---

2   Dazu Details im Kapitel »Partnerschaftsfähig werden«, S. 155 ff.

Blick in die richtige Richtung lenkt, kann man auch in kurzer Zeit sehr viel erkennen:

- *Steht er auf eigenen Beinen?* Übernimmt er Verantwortung – oder ist er weich und bequem? Oder lässt er sich noch durch die Nabelschnur versorgen?
- *Hat er Ordnung in sein Leben gebracht?* Dazu gehört auch die Frage: Wie hat sich ein junger Mann mit seinem Vater arrangiert? Besteht eine liebevolle Beziehung zwischen den beiden? Und wie geht es ihr mit ihrer Mutter: Gibt es zwischen ihnen eine Konkurrenz? Frage ihn einfach: Erzähl mir doch mal von deinem Vater.
- *Wie geht er mit anderen Menschen um?* Hat er einen offenen Blick und eine freundliche Ausstrahlung? Wie reagiert er, wenn ihn jemand auf der Straße anredet, ihn um Auskunft, gar um Geld bittet? Wie spricht er über andere?
- *Wie geht er mit Konflikten, Krisen oder Scheitern um?* Verdrängt er, was ihm schwerfällt, zieht er sich zurück, betäubt er sich? Oder sucht er das Gespräch, Klärung und Bereinigung, und hat er die Stärke, sich Konflikten zu stellen?
- *Hat er Freude an seinem Beruf?* Jemand, der eine Persönlichkeit ist, kann mit allem etwas anfangen; ein solcher Mensch kann seine Umwelt prägen und notfalls auch die Wüste zum Blühen bringen. Jemand mit einem guten Charakter kann jeder Sache etwas Positives abgewinnen. Er macht seine Sache auch gut. Er versucht es nicht nur irgendwie, sondern liefert Qualität. Auch wenn er nur Mülleimer leert. Für eine Frau gilt das ebenso. Spezifisch könnte man noch ergänzen: Hat sie Freude an ihrem Auftreten, ihrer Kleidung und ihrem persönlichen

Wohnumfeld? Kann sie auch ihre Umgebung zum Blühen bringen?

- *Wie reagiert er auf Kinder?* Hat er Freude an ihnen, und kann er sich auf ihre Unberechenbarkeit einstellen? Ist er gütig und väterlich – oder sind ihm Kinder einfach nur lästig? Und obendrein: Wünscht er sich selber Kinder, oder ist ihm das »Opfer« zu groß? Achtung: Alarmstufe eins!

Die Gewissensprüfung

Bevor wir uns die großen Beziehungsfragen ansehen, ist es wichtig, sich über einige, vielleicht versteckte Motivationen im Klaren zu sein. Manchmal verbergen sich nämlich hinter dem Wunsch nach einer Beziehung oder dem Versuch, eine Beziehung zu retten, beziehungsunabhängige Absichten. *Es prüfe also, wer sich ewig bindet* – sich selbst und auch die Beweggründe des Partners.

Geht es dir um den anderen Menschen oder um Äußerlichkeiten? Steht der Partner selbst im Vordergrund oder sein Besitz und was er darstellt? Böse Zungen sagen: Was für Männer Aussehen und Figur sind, sind für Frauen Status und Vermögen. Denke dir also Äußerlichkeiten wie gesellschaftlichen Status, besondere Fähigkeiten (der *Leadsänger* einer Band ist immer der Mädchenschwarm!), körperliche Vorzüge, den guten Job und das imposante Einkommen einfach einmal weg. Magst du ihn immer noch? Gut, nächste Frage.

Warum willst du diese Beziehung? Aus Liebe oder um nicht allein zu sein? Um von Problemen abzulenken? Wilma Lerchen beschreibt in ihrem Buch »Liebe wählt aus«[3], wie sie als Jugendliche die Liebe zu einem Mann unbedingt wahr machen wollte. Er war sich nicht sicher – er wollte warten, wollte sie hinhalten –, aber sie wünschte sich die Beziehung, und zwar so

---

3   Wilma Lerchen, Liebe wählt aus, Schönstatt-Verlag, 2009.

sehr, dass er schließlich einlenkte. Nach einem Ende mit Schrecken suchte Wilma den Grund ihrer Anhänglichkeit. *»Ich hatte damals ein sehr gespanntes Verhältnis zu meinen Eltern. Ständig gab es Auseinandersetzungen, ich fühlte mich unverstanden und wollte eigentlich nur weg. Wenn es zu dieser Partnerschaft gekommen wäre, dann hätte ich mich viel leichter absetzen können. Ich hätte mir die Argumente meiner Eltern nicht mehr so sehr zu Herzen nehmen müssen, ich hätte ja einen Freund gehabt. ... Eine Beziehung muss immer zuerst den Partner suchen – sie oder ihn als einmalige, unverwechselbare Person. Sobald andere Gründe eine Rolle spielen, wie in meinem Fall das ›Weglaufen‹, ist das kein guter Boden für ein gesundes Wachstum einer Partnerschaft.«*[4] Nun, ob Zwist zu Hause oder etwas anderes: Es ist gut, über diese Frage sehr sorgfältig nachzudenken. Und gegen Betriebsblindheit hilft vielleicht ein offenes Gespräch mit einer lebenserfahrenen Vertrauensperson.

Wozu soll die Beziehung gut sein? Geht es um Zeitvertreib oder eine gemeinsame Lebensplanung? Es ist schließlich sehr angenehm, bewundert und begehrt zu werden. Es ist auch sehr praktisch: Sobald man »company« möchte, ist jemand verfügbar. Die verliebte Person frisst einem aus der Hand und findet alles toll, was man anzieht, macht, sagt und vorschlägt; und sie hilft mit, wo man alleine nur langsam vorankommt. Vorsicht, wenn man dazu neigt, aus Bequemlichkeit eine Beziehung einzugehen – und Vorsicht, wenn man als »Kätzchen auf dem Sofa« gehalten wird, zum Zeitvertreib also.

---

4   *Ibd.*, S. 15 f.

Wer möchte diese Beziehung? Du selbst oder jemand anders? Könnte es sein, dass deine Freundinnen diese Beziehung intensiver befürworten als du selbst? Oder deine Eltern? Übt jemand Druck auf dich aus und versucht, dich zu dieser Beziehung zu überreden? Oder hast du Angst, durch eine Absage deinem Freund weh zu tun und dann noch dazu Freunde und Familie zu enttäuschen? Möchtest du endlich jemanden haben – »er muss ja nicht perfekt sein«? Denkst du dir: »Wenn ich den nicht nehme, bin ich dumm!« … auch wenn du dich nicht wirklich wohl fühlst bei ihm? Mach dir klar, dass du *frei* bist, wirklich frei. Deine Entscheidung muss auch wirklich *deine* Entscheidung sein.

Kriterien für die richtige Entscheidung

Auf der Basis von Sympathie und gegenseitiger Anziehung, geprüfter Motivation und Partnerschaftsbereitschaft geht es nun um die großen Fragen des Zusammenpassens.
Es handelt sich um fünf Fragen, die von beiden gleichermaßen bejaht werden sollten:[5]

Stehe ich staunend vor seiner, vor ihrer Größe?

Tilman Beller erklärt diesen wunderschönen Gedanken so: *»Da sagt ein junger Mann: ›Aus diesem Mädchen kann man etwas machen.‹ Wir können unser ganzes Leben lang als Lehrer, Erzieher und Führungskräfte aus jemandem ›etwas machen‹. Aber jemanden, aus dem wir etwas machen können oder wollen, dürfen wir nicht heiraten, weil wir nicht staunend vor seiner Größe stehen, sondern ihn von vornherein als den Kleineren sehen. Eine gewisse Gleichheit im persönlichen Format, in der Qualität der Persönlichkeit ist Voraussetzung für eine Partnerschaft.«*[6]
Um uns auf die Sprünge zu helfen, könnte man folgende Fragen stellen: Können wir uns gegenseitig *bewundern*? Können wir uns langfristig *respektieren*? Aber *staunend vor der Größe des anderen zu stehen* — das greift tiefer als Bewunderung und Respekt. Ich bin

---

5   Vgl. P. Tilman Beller im Gespräch mit Gudrun Kugler, Hat Gott auch einen Plan für mich, Kairos Publications, 2009.
6   *Ibd.,* S. 36.

seit einigen Jahren verheiratet. Und ich denke mir jeden Tag: »Unglaublich eigentlich, dass ausgerechnet ich mit diesem wunderbaren Mann verheiratet bin.« Das ist mehr als Bewunderung und Respekt, denn diese Begriffe beschreiben etwas von mir Unabhängiges. Ich kann Mozart bewundern und meinen beruflichen Kontrahenten respektieren. Aber wenn ich staunend vor der Größe des anderen stehe, hat er mich in der Tiefe meines Herzens berührt und dort ein Staunen entfacht, aus dem die Liebe fließt.

In dieser Wahrnehmung liegt auch der Schlüssel zum Geheimnis dauerhaft glücklicher Beziehungen – denn dieses Staunen wird nicht schal. Während man einerseits vom anderen im Herzen berührt wird, erfährt man auch seinen eigenen Wert. In der Partnerschaft darf man endlich selbst »jemand sein«. Und es ist kein Geheimnis, dass diese Art von gegenseitiger Wahrnehmung auch »sexy« ist: Das Staunen vor der Größe des anderen ist die Grundvoraussetzung für eine Sexualität, die sich nicht abnützt.

Können wir miteinander reden?

Der tschechische Philosoph Jan Patočka meinte einmal: »Der Mensch ist ein Wesen, dem sich die Wirklichkeit erschließt.« Das unterscheidet uns von Tieren: Wir sind uns unserer Situation bewusst. Wenn uns etwas weh tut, bleibt es nicht bei den körperlichen Schmerzen. Angst kommt dazu und Ärger und sicherlich auch Sorge. Patočka wusste, wovon er sprach: Als Mitglied der Charta 77 starb er nach Polizeiverhören in Prag im März 1977.

Die Wirklichkeit erschließt sich uns immer in

verschiedenen Färbungen. Unsere Wertvorstellungen spielen mit hinein, Prägungen, Vorlieben und Geschmack, und unsere Stimmungen. In Bezug auf unseren potenziellen Ehepartner müssen wir uns nun fragen: Nehmen wir die Wirklichkeit auf ähnliche Weise wahr? Wenn wir einander etwas erzählen, wissen wir dann rasch, was der andere meint? Wenn wir ein ernstes Gespräch führen, müssen wir uns immer alles ewig lange erklären und jeden Satz gleich wieder rechtfertigen? Geht die Diskussion in eine produktive Richtung, oder werde ich immer abgelenkt durch missverstandene Nebensätze? Können wir miteinander über dieselben Dinge lachen?

Auf einer Sommeruniversität in den USA lernte ich Juan Camilo kennen, einen jungen Rechtsanwalt und Uni-Assistenten aus Kolumbien. Zudem war er Salsatänzer, Partyheld, Mädchenschwarm, Draufgänger. Ein richtiger Typ zum Verlieben – frech, selbstbewusst und überall vorne dabei. Nach ein paar hitzigen Wortgefechten verliebten wir uns Hals über Kopf ineinander. Ein unglaublicher Sommer!

Mit dem Ausblick auf eine ungewisse Zukunft reiste ich zurück nach Europa. Wir wollten es auf jeden Fall versuchen. Gleich im September flog ich nach Bogota. Ich hatte Sehnsucht nach Juan Camilo … und fand mich wieder in einem Schickimicki-Eldorado in Lateinamerika. Da passte ich nicht hin. Und je ernster unsere Beziehung wurde, desto weniger verstanden wir uns. Jedes Argument, jeder tiefere Gedanke wurde zuerst einmal missverstanden. Aus einer kleinen Bemerkung konnten nicht enden wollende Dispute entstehen. Nicht etwa aus böser Absicht, keineswegs. Wir waren ja sehr verliebt ineinander! Aber wir dachten und fühlten eben vollkommen anders und maßen ganz unterschiedlichen Dingen in unserem Leben Priorität zu.

Um sich richtig zu entscheiden, muss man sich also fragen: Verstehen wir uns, wenn wir miteinander reden? Sprechen wir von den gleichen Dingen? Wirken Menschen und Situationen ähnlich auf uns?

Wenn wir von einer netten Party aufbrechen und uns austauschen: Fanden wir die gleichen Menschen sympathisch? Würden wir gerne die gleichen Menschen wiedersehen?

Ich habe einen Freund, der stets genau das Gegenteil von mir empfindet. Wenn ich jemanden als glücklich erlebt habe, fragt er mich, warum dieser denn so traurig gewesen war. Wenn ich einen Film abstoßend finde, möchte er ihn unbedingt noch einmal sehen. Wir sind trotzdem gute Freunde, weil wir uns lange kennen und weil wir uns liebevoll gegenseitig als »ein bisschen skurril« ansehen. Aber heiraten? Das würde nicht gutgehen!

Reagiert er gütig auf meine Schwächen, und kann ich mich an seiner Hand verbessern?

Lesen wir nochmals bei Tilman Beller nach: *»Wie reagiert der Partner auf meine Schwächen? Hier ist nicht die Rede von Schwächen, die ich zugebe, sondern von Schwächen, durch die ich mich blamiere, Schwächen, die ihn wirklich stören. Reagiert er gütig und gelassen, oder reagiert er empfindlich? Ist mein Partner meinen Schwächen gegenüber großzügig oder arrogant? Wenn Letzteres der Fall ist, ist es nicht gut, ihn zu heiraten. Es ist sehr schön, wenn sich bei einem Paar ein gutes Verhältnis zu den gegenseitigen Schwächen herausbil-*

det. Der Grundton im Miteinander ist dann nicht: ›Das musst du ändern‹, sondern: ›Ich nehme dich an, wie du bist.‹«[7]

Ich zum Beispiel rede zu viel und neige zur Übertreibung. Wenn ich in Fahrt komme, bremst mich mein Mann ein bisschen von oben herab, aber doch liebevoll und neckisch. »Ja, ja, jetzt legst du wieder mal los …« Erst dann fällt es mir auf. Ich halte inne, kann über mich lachen – und mich bessern. Das ist eine große Hilfe für mich. Meine Fehler sind mir bei ihm auch gar nicht peinlich. Sie werden durch die Liebe eine gemeinsame und überschaubare Aufgabe. Alltag bei uns: »Ich bringe morgen die Kinder in den Kindergarten, kauf du doch bitte vier Liter Milch, und denk dran, am Abend unseren Gästen nicht die Ohren vollzuquasseln. Ich werde dich unauffällig daran erinnern.« Wir nehmen uns gegenseitig an der Hand und helfen uns einen Schritt weiter.

Eine Studie beweist: Je mehr Paare sich gegenseitig helfen, ein besserer Mensch zu werden, desto glücklicher sind sie. »Der Mensch hat tief in seinem Inneren die Motivation, sich zu verbessern und dazuzulernen. Wenn man dieses Wachstum mit der Hilfe seines Partners erreicht, bekommt dieser eine wichtige Stellung. Und wenn der Partner erlebt, dass er dem anderen weiterhelfen kann, freut er sich darüber.«[8]

Eine weitere Frage führt noch einen Schritt tiefer: Verteidigt er mich gegenüber anderen? Hält er anderen gegenüber zu mir, selbst wenn er die Dinge anders

---

7 *Ibd.,* S. 37.
8 The New York Times, 10. Januar 2011, Dr. Arthur Aron (New York State University, Stony Brook) and Dr. Gary W. Lewandowski Jr. (Monmouth University, New Jersey).

sehen sollte? Ich habe eine Freundin, deren Mann es manchmal mit dem Scherzen übertreibt. Dann merkt er nicht, dass sich das Gespräch der Gruppe zu mehr Ernsthaftigkeit entwickelt hat. Und sie lacht bis zum Schluss mit ihm mit. Aber auf dem Heimweg hilft sie ihm liebevoll, die Situation zu analysieren und seine Kommunikation zu verbessern.

Es gibt Männer und Frauen, die über ihre Partner triumphieren, wenn diese etwas falsch machen. Sie fühlen sich dann selbst besser, ihrem »mickrigen« Partner gegenüber begehrenswerter und sich dessen Hingabe sicherer. Das macht das Privatleben zu einem *Wettbewerb*, der der beruflichen Welt ähnelt. Beweise dich, funktioniere! Und sei wachsam, damit du keinen Ellbogen zwischen die Rippen bekommst! Also – Finger weg, wenn dein Freund dich mit deinen Schwächen nicht liebe- und verständnisvoll an die Hand nimmt!

Haben wir eine gemeinsame Vision für unser Leben, passen unsere Lebensentwürfe zueinander? Teilen wir die Werte und Grundhaltungen?

Ein altes Volkslied[9] sagt eindrucksvoll, worum es geht:

> *Es freit ein wilder Wassermann*
> *In der Burg wohl über dem See.*
> *Des Königs Tochter wollt er han,*
> *Die schöne, junge Lilofee.*
> *Sie hörte drunten Glocken gehen*
> *Im tiefen, tiefen See,*

---

9   Überliefert in Joachimsthal, 1813.

Wollt' Vater und Mutter wiedersehn,
Die schöne, junge Lilofee.
Und als sie vor dem Tore stand
Auf der Burg wohl über dem See,
Da neigt sich Laub und grünes Gras
Vor der schönen, jungen Lilofee.
Und als sie aus der Kirche kam
Vor der Burg wohl über dem See,
Da stand der wilde Wassermann
Vor der schönen, jungen Lilofee.
»Sprich, willst du hinuntergehn mit mir
Von der Burg wohl über dem See?
Deine Kindlein unten weinen nach dir,
Du schöne, junge Lilofee.«
»Und eh ich die Kindlein weinen lass
Im tiefen, tiefen See,
Scheid ich von Laub und grünem Gras,
Ich arme, junge Lilofee.«

Arme Lilofee – scheidet von Laub und grünem Gras. Dumme Lilofee – sie hätte es vorher wissen müssen! Heiratet einen *Wassermann!!!* Die beiden Lebensentwürfe konnten ja nicht zusammenpassen! Lilofee war verliebt, keine Frage. Aber sie hätte sich selbst – und ihn! – fragen müssen: Wie werden wir unser gemeinsames Leben gestalten? Was ist für dich wichtig und was für mich? Lassen sich unsere Pläne und Vorstellungen vereinen?

Juan Camilo, mein kolumbianischer Rechtsanwalt, war in Kolumbien mit allen, die man kennen muss, befreundet. Er übernahm spannende Fälle und unterrichtete an der nobelsten Universität. Alle Türen standen ihm offen. In Europa hätte er von null an beginnen müssen – und wahrscheinlich hätte er nicht einmal eine Arbeitsbewilligung bekommen. Er wäre unglücklich geworden. Und ich – wie wäre es mir in Kolumbien ergangen? Wahrscheinlich nicht viel besser. Dazu war ich in Europa viel zu verankert. Ich wäre dort, er hier, unglücklich geworden. Wir hätten das gemeinsame Glück nicht erzwingen können.

Um sich in Heiratsdingen richtig zu entscheiden, muss sich ein Paar also fragen: Teilen wir Grundeinstellungen miteinander, haben wir eine gemeinsame Vision für unser Leben?

Früher war diese Frage einfacher zu beantworten. Es wurde innerhalb eines gesellschaftlichen Rahmens geheiratet. Tischsitten, Kleidung und Lebensweise wurden in dem einen Haus ebenso gepflegt wie in irgendeinem anderen. Man hatte ähnliche Vorstellungen vom Leben und seinem Sinn, von Schwierigkeiten und Annehmlichkeiten und von Aufgaben und Pflichten.

Heute ist weniger vorgegeben. Das eine Paar kann sich dazu entscheiden, sich sozial besonders zu engagieren. Es kann einen beträchtlichen Teil des Familieneinkommens spenden, einsame Leute zum familiären Weihnachtsfest einladen oder möglichst viele alleinstehende Verwandte in den Urlaub mitnehmen. Ein anderes Paar kann sich gemeinsam politisch engagieren, Leserbriefe schreiben, in einem Verein aktiv sein. Ein drittes Paar kann sich ganz auf sich und seine Kinder konzentrieren und darauf achten, dass die Familie nicht von außen gestört wird. Ein nächstes Paar kann gemeinsam zu jeder beliebigen Gelegenheit rauschende Feste ausrichten. Wieder ein anderes verbringt die Abende lieber gemütlich vor dem Fernseher.

Man kann auch so fragen: Haben wir ähnliche Werte? Treffen wir uns, wenn wir über den Sinn des Lebens sprechen? Ist uns Beziehung, Treue, Familie ähnlich wichtig? Welche Dinge stehen im Vordergrund? Es ist gut, wenn die Dinge, »für die man ein Königreich geben würde«, die gleichen sind. Denn das »Königreich« ist nach der Hochzeit ein gemeinsames. Damit Ehe gelingt, muss sie für beide Partner eine vorrangige Angelegenheit sein.

Wer Hand in Hand geht, sollte das gleiche Ziel haben! Cicero sagt: Freundschaft ist *Übereinstimmung in göttlichen und menschlichen Dingen*. Es ist wichtig, dass man am gleichen Strang zieht, dass man Werte miteinander teilt und eine gemeinsame Vision hat, sonst könnte die Ehe ein Hindernisrennen werden. Aus einer gemeinsamen Vision aber wird manchmal eine gemeinsame Mission. Und es ist gut, wenn es dann heißt: *mission possible!*

Übrigens: Gemeinsam gelebter Glaube mit gemeinsamem Gebet wirkt wie ein Liebestrank. Die Scheidungsrate purzelt unter zwei Prozent!

 Haben wir genug gemeinsame Interessen?

Tilman Beller sagt dazu: *»Haben wir genug gemeinsame Interessen, oder können sich unsere Interessen finden? Solche gemeinsamen Interessen müssen vor der Ehe da sein. Zu sagen, ja, das kommt schon, das ist einfach falsch. Wir gehen davon aus: Was nicht ist, wird nicht. Wer mit Leib und Seele für den Sport lebt, wird sich einfach schwertun mit einem Partner, der dafür nichts übrighat. Und dieser braucht sich nicht zu wundern, wenn der sportbegeisterte Partner über kurz oder lang eine ebenso sportbegeisterte Partnerin findet und in dieser Beziehung sein ganzes Glück entdeckt.«*

Sind gemeinsame Hobbys wirklich so wichtig? Ja! Denken wir mal praktisch. Am Samstag schläfst du dich normalerweise aus, klar, du hast ja eine harte Woche hinter dir. Dann bleibst du noch ein paar Stunden im Pyjama, liest die Zeitung oder ein gutes Buch, trinkst Kaffee und hörst Radio oder gute Musik. So ist das Leben schön! Aber halt! Um sechs Uhr früh schrillt der Alarm deiner besseren Hälfte und reißt dich aus dem erholsamsten Tiefschlaf. Sie springt fröhlich aus den Federn, direkt in die Wanderschuhe und das Sportoutfit, rüttelt an deinen Schultern – und los geht's! Frühstück gibt's erst auf der ersten Hütte, oberhalb der Baumgrenze! Hurra! Nach dem ersten rosaroten Ehejahr hast du einiges an Kondition dazugewonnen. Aber dann beschließt du, von nun an doch auf deine »innere Stimme« zu hören und zu Hause zu bleiben. Es ist ja nur der Samstag – die anderen Tage der Woche seht ihr euch ohnehin viel. Und beim Frühstück auf der Hütte trifft sie dann einen Franz oder einen Fritz, der sie besser versteht als du … Für die meisten Eheprobleme gibt es keine beeindruckenden Gründe! Es sind immer die kleinen Dinge, die aber in unserem Leben beständig ein Thema sind. Eigentlich ist es ganz einfach zu verstehen: Wer nicht gern bei jeder Witterung eine Runde im Park dreht, der sollte sich keinen Bernhardiner zulegen.

Wo soll ich denn so jemanden finden –
den gibt's ja gar nicht!

Diese Reaktion lässt nie lange auf sich warten. Scheinen diese Kriterien wirklich so unerreichbar? Ich glaube nicht, dass sie es sind. Denn: *Stehe ich staunend vor seiner Größe?* Ja, das muss sein. Aber das, was ich in dem anderen entdeckt habe, muss nichts Spektakuläres sein. *Können wir miteinander reden? Passen unsere Lebensentwürfe zueinander? Wie reagiert er auf meine Schwächen? Haben wir genug gemeinsame Interessen?*

All das ist unerlässlich, damit die Beziehung glückt. Aber innerhalb der grundsätzlichen Bejahung dieser Fragen gibt es Spielraum. Hier ist das Zusammenpassen graduell. Ein *prinzipielles* Ja genügt, hundert Prozent Übereinstimmung wird es nicht geben, solange das Klonen verboten ist! Die Kriterien sind nicht zu hoch – aber sie entsprechen der Wichtigkeit des Anliegens. *Don't settle for less,* gib dich nicht mit Geringerem zufrieden. Aber keine Angst, dass diesen Kriterien niemand gerecht werden kann. Ganz im Gegenteil: Es gibt mehr Menschen, die dir ähnlich sind, als du denkst!

Was stimmt nun:
Gleich und Gleich gesellt sich gern?
Oder ziehen sich Gegensätze an?

Handelt es sich bei diesen beiden Sprichwörtern nicht um einen Widerspruch? Nun, Gleich und Gleich gesellt sich gern. Das kennen wir aus der Definition der Freundschaft, die die *Entdeckung einer Ähnlichkeit* benötigt, um loslegen zu können.

Aber ziehen sich nicht auch *Gegensätze* an? Es gibt verschiedene Arten von Gegensätzen. Es gibt zum Beispiel Minus- und Pluspole. Eindeutig Gegensätze, eindeutig anziehend. Wie steht es mit der Gegensätzlichkeit einer Kuckucksuhr und einer Topfpflanze? Wenn man es genau nimmt, sind diese beiden Dinge keine Gegensätze, sondern einfach grundverschieden! Dinge (oder beim Menschen Eigenschaften) sind nur dann echte Gegensätze, wenn sie zwei Ausformungen desselben sind. So wie es bei den Magneten ist. Oder bei Blütenblättern und Dornen, weil beide von der Rose stammen. Solche echten Gegensätze ziehen sich an.

Bei menschlichen Eigenschaften sieht das zum Beispiel so aus: Zuhörfähigkeit und Redebedürfnis ziehen sich an, weil beide auf Kommunikation ausgerichtet sind. Zwei Menschen, von denen einer immer der soziale Mittelpunkt ist, der andere aber scheu ist und Menschen prinzipiell misstraut, sollten sich nicht gesellen. Das Sprichwort »Gegensätze ziehen sich an« stimmt also nur, wenn beide Seiten vom selben stammen. Und dann kann man auf dieser übergeordneten Ebene wieder sagen: »Gleich und Gleich gesellt sich gern.«

Der Tough-Test: Wenn man heiratet, verspricht man sich bekanntlich die Treue in guten und in schlechten Tagen. Friede, Freude, Eierkuchen ist ja keine Schwierigkeit am Liegestuhl mit einem Cocktail in der Hand. Aber wo ist der Märchenprinz, wenn es mal weniger sonnig ist? Wenn du beruflich schwierige Monate durchlebst und nicht gut drauf bist? Wenn du ein paar Wochen lang wegen einer langwierigen Krankheit ausfällst?

Meine Freundin Judita hatte immer viele Verehrer. Der Coole mit dem Motorrad war ihr mit zwanzig lieber als der brave Musiklehrer. Dann entdeckte man bei ihr einen Herzfehler. Sie wurde acht Stunden lang operiert, Ausgang ungewiss. Der Musiklehrer saß die acht Stunden vor der OP-Tür. Später erzählte sie mir: »Ich habe den geheiratet, der gut zu mir war.« Und sie wurde sehr glücklich mit ihrem Musiklehrer.

Meine Mutter machte im Lebensmittelgeschäft ihrer Eltern am Samstagnachmittag Inventur. Die Läden hatten damals ja Mittwoch- und Samstagnachmittag geschlossen! Der jeweilige Verehrer musste helfen. »Einer wurde dabei ganz unwillig, fast zornig, dass er da seine Zeit mit Warenzählen verplemperte … Da wusste ich: Den solltest du besser nicht heiraten!« Tough-Test nicht bestanden.

Der Omatest: Die eine oder andere Großmutter kann etwas anstrengend sein. Schwerhörig vielleicht, voller Unverständnis gegenüber den modernen Dingen, die unser Leben prägen, schwelgend in Erinnerungen, gepaart mit überhöhtem Redebedürfnis. Prince Charming, der seine Großmutter als »skurrile Alte« bezeichnet und nie eine elegante Runde bei ihr vorbeidreht, hat den Omatest nicht bestanden. Denn sein Charakter ist mit großer Wahrscheinlichkeit nicht – hmm, ich muss ein paar alte Worte verwenden –, nicht »edel«, nicht »tugendhaft«. Verzicht fällt ihm schwer, er nimmt sich selber zu wichtig, und er hat noch nicht gelernt, das Leben mit all seinen Wandlungen und Facetten zu schätzen.

Der Muttertest Teil I: Wie behandelt dein Mister Perfect seine Mutter? Wie eine alte Tante, die vom wahren Leben keine Ahnung hat und ihm mit ihrer Sorge auf die Nerven geht? Kümmert er sich nicht um sie, weil sie ihm sowieso nur lästig ist? Den Muttertest zu bestehen heißt, die eigene Mutter zu achten und zu ehren, sich um sie zu kümmern, sie regelmäßig anzurufen, weil sie am Leben ihres Kindes Anteil nimmt. Schau genau hin. So wie sie wird er eines Tages *dich* behandeln.

Der Muttertest Teil II: Es gibt natürlich auch Männer, die an ihren Müttern symbiotisch kleben. Mama ist sozusagen die einzige wahre Liebe ihres Lebens. Um ihr zu entsprechen, würde er dich im Regen stehen lassen. So einem Mann muss man gefühlvoll die Möglichkeit geben, sich zu entscheiden – und erwachsen zu werden.

Der Tochtertest: Spielen wir mal Märchen. Du bist die Königin und hast eine erwachsene Tochter. Ein wunderbares Mädchen, voll Anmut und Tugend, rein und zart, begabt und gebildet. Würdest du ihr diesen deinen

Prinzen am Prüfstand ohne Sorge zum Gemahl geben? Nein? Dann solltest auch du ihn nicht heiraten.

Der Ursprüngliche-Umgebungs-Test: Gefährlich sind die Beziehungen, die in einem geschlossenen, von der Herkunft unabhängigen System entstehen. An einer Universität zum Beispiel. Oder auf einem Cluburlaub. Oder unter »Expats«, also Menschen aus dem gleichen Land, die aber – meist aus beruflichen Gründen – in einem anderen Land leben. Bayern in Brüssel zum Beispiel. Oder Deutsche in New York.

Warum sind solche Beziehungen gefährlich? In ihren geschlossenen Systemen funktionieren sie gut. Die Freunde und Umgangsformen sind dieselben. Gesprächsthemen und Hobbys passen zusammen. Alles perfekt … bis man in seine ursprüngliche Umgebung zurückkommt.

Meine Freundin Magdalena hatte sich mit einem Kommilitonen verlobt. Er stammte aus Kasachstan, aber was machte das aus? Er war genau wie alle anderen Studenten. Eines Tages flog Magdalena mit ihm nach Hause, um ihre zukünftigen Verwandten kennenzulernen. Hollywood könnte eine Komödie daraus machen: *Meine neue, ganz andere Familie* zum Beispiel oder *Mein Leben am Ende der Welt.* Die Drehbuchautoren hätten jedenfalls Mühe, ein glaubhaftes Happyend zu schreiben. In Kasachstan fand sich die Ärmste nämlich in einer Plattenbauküche wieder mit Kopftuchfrauen, die sie misstrauisch beäugten. Die Männer tranken auf Klappstühlen Wodka – in Trainingsanzügen. Mittendrin, vollkommen selbstverständlich: ihr Altaj. Er wurde dort wieder genau der, der er vor seinem Traum-Stipendium in Europa schon war.

Es ist genau diese ursprüngliche Identität eines Menschen, die man kennen und mit der man leben wollen muss. Vergiss also nicht, dir die Familie, den Freundeskreis, die ursprüngliche Umgebung und die Kultur, aus der dein Schatz kommt, genau anzusehen. Suche diese Umgebung. Beobachte ihn in dieser Umgebung. Wenn dir das, was du siehst, nicht gefällt, dann läuten alle Alarmglocken!

Der Freundestest: Während meines Studiums hatte ich drei beste Freundinnen. Einmal – wir waren vierundzwanzig Jahre alt – fuhr eine von ihnen als Single in den Sommerurlaub. Und kam verheiratet zurück.

Sie hatte ihn im Urlaub kennengelernt und wollte keinesfalls ohne ihn zurückkehren. Niemandem von uns Freundinnen sagte sie etwas! Sie wollte ihm ein Visum verschaffen – und heiratete ihn kurzerhand. Aber die beiden waren komplett verschieden – menschlich, kulturell und in religiöser Hinsicht. Nach drei Jahren Streit, Tränen und Unglück kam die Trennung.

Hätte sie doch vorher mit uns geredet! Wir wussten damals sofort: Das geht schief, hundertprozentig! Freunde sehen oft in Beziehungsfragen klarer: Sie kennen den einen, sie kennen den anderen – und sie haben keine rosa Brille auf. Um bei der Partnersuche sicherzugehen, ist es wichtig, die besten Freunde mit großer Offenheit einzubeziehen!

Eine andere Freundin ist nun glücklich verheiratet. Am Anfang der Beziehung hatte sie große Zweifel. Wahrscheinlich wäre das Ganze nichts geworden, wenn wir ihr nicht gut zugeredet hätten. Heute ist sie uns unendlich dankbar dafür. Also: Wenn sich bei deinen besten Freunden alle Haare aufstellen, wenn der

Kandidat zur Tür hereinkommt, solltest du nochmals genau über diese Beziehung nachdenken.

Der Kinotest: Welche Filme jemand mag, sagt viel über ihn aus. Dabei geht es nicht nur um Geschmack oder um die Qualität der künstlerischen Darstellungen. Filme transportieren Werte. Es gibt Filme, in denen Gutes ansprechend und Schlechtes abstoßend dargestellt wird. Oder umgekehrt. Es gibt Filme, in denen der Held Schlechtes tut zu seinem eigenen Vorteil und dennoch der Held ist. Je mehr wir unser Leben am Guten ausrichten, desto empfindsamer werden wir. Filme, die das – so sagt man – *Schöne, Gute, Wahre* unterstreichen und einen positiven Weg aufzeigen, werden uns berühren, aufbauen und fröhlich machen.

Ich sehe schon eine Flut von Protestmails. Aber damit der Kinotest klarer wird, hier meine persönliche Einschätzung: Ich hätte nie einen Mann geheiratet, unter dessen Lieblingsfilmen sich Quentin Tarantinos zelebriertes Morden und Sam Mendes' »American Beauty« in seiner verächtlichen Gleichgültigkeit befinden.

Der Autotüröffner- oder Mithandanlegertest: Männern ist dieser Test besonders wichtig, denn sie haben große Angst davor, an eine Frau zu geraten, die zwar elegant mit den Absätzen klappert und den Hüften wackelt … aber das war's dann auch. Männer beobachten deshalb aus den Augenwinkeln sehr genau, ob eine Frau sich von ihnen nur bedienen lässt oder ob sie bereit ist, auch für ihn etwas zu tun. Aus dem Film »In the Streets of the Bronx« übernehme ich Robert de Niros Autotüröffnertest: Vor den Zeiten der fernbedienten Türentriegelung war es ein Anhaltspunkt, ob die verehrte Mitfahrerin sich vom Beifahrersitz aus hinüberlehnte, um dem Fahrer die Tür aufzusperren. Wie testet man das heute? Nun, es gibt immer wieder Alltagssituationen, die über die Hilfsbereitschaft eines Menschen Aufschluss geben. Bestanden, wenn sie (und das gilt genauso für ihn!) auf Einladungen, in der jungen Erwachsenen-Gruppe oder beim Holzsammeln für das Lagerfeuer Hand anlegt und nicht nur gelangweilt ihre Fingernägel betrachtet.

Alarmsignale

Wenn man verliebt ist, neigt man dazu, Warnsignale zu missachten. Man wünscht sich zu sehr, dass es endlich passt! Hier fasse ich einige wichtige Alarmsignale zusammen. Ehrlichkeit zu sich selbst zahlt sich in Heiratsdingen langfristig jedenfalls aus!

Vorsicht bei Sucht: Eine Sucht will niemand wahrhaben: weder der Süchtige selbst, noch jemand, der in einen süchtigen Menschen verliebt ist. Zuerst muss man ehrlich zu sich selbst sein. Und dann sollte man sich vor der Hoffnung hüten, dass sich durch Heirat oder Kinderkriegen etwas Fundamentales ändern könnte.

Nun ist nicht jede Sucht automatisch ein Heiratsausschließungsgrund. Stoffungebundene Süchte wie Spielsucht, Sexsucht, Internetsucht oder Kaufsucht sind heute stark im Ansteigen begriffen. Sie können leicht überwindbar oder auch hartnäckig und intensiv sein. Bei stoffgebundenen Süchten gilt: Je schwerer die Sucht und je stärker die Wirkung der Substanz, von der jemand abhängig ist, desto vorsichtiger muss man sein. Man riskiere also nicht, einen Alkoholiker zu heiraten in der Hoffnung, dass er »durch die Liebe davon loskommt«.

Vorsicht bei Kindheitstraumata: »Jeder hat sein Binkerl«, heißt es in einem alten Wienerlied. Im Klartext bedeutet das, dass jeder seine Vergangenheit, seine Erlebnisse und Verletzungen mit sich herumträgt. Manche schleppen aber ganz große Säcke mit sich herum.

Ein solcher Sack lässt sie die Wirklichkeit verzerrt wahrnehmen, macht sie weniger oder kaum belastbar und produktive Gespräche in sensiblen Bereichen schwierig. Wenn man die Umrisse eines solchen Sackes zu erkennen meint, dann sollte man nicht weg-, sondern umso genauer hinsehen. Denn mit der Heirat entscheidet man sich, diesen Sack mitzutragen.

Vorsicht bei psychischen Krankheiten: Bei psychischen Krankheiten heißt es den ungeschminkten Tatsachen ins Auge zu sehen. Wie wirkt sich diese Krankheit aus? Wie wird sie sich in der Zukunft verändern? Kann ich und will ich mir diese Krankheit durch die Heirat »zu eigen« machen? Wichtig ist es hier, Nächstenliebe nicht mit romantischer Liebe und mütterliche Fürsorge nicht mit ehelicher Hingabe zu verwechseln. Generell kann man sagen: Echte psychische Krankheiten sprechen oft gegen eine Heirat. Allerdings sind viele der Symptome, die als »psychische Krankheit« diagnostiziert werden, in Wirklichkeit massive Blockaden oder Störungen in der Persönlichkeitsentfaltung, die durch einen psychotherapeutischen oder ganzheitlich seelsorgerlichen Ansatz auch geheilt werden können und daher längerfristig nicht gegen eine Heirat sprechen. Bitte aber vorher!

Vorsicht Christen! Punkt I: Ist sein Glaube echt? Wie authentisch ist sein Glaube? Es gibt Menschen, die nie in eine Kirche gehen und sich dennoch ehrlich als Christen bezeichnen. Andere wiederum gehen in die Kirche, weil sie es für ihre »kulturelle Pflicht« halten oder weil sie sonst ein schlechtes Gewissen hätten. Manche übernehmen unreflektiert irgendwelche Regeln, weil es »halt so ist«. Andere suchen ein Regelwerk, einen »Buchstaben«, hinter dem sie ihre unsichere Persönlichkeit verstecken können, und haben vom »Geist« noch nie etwas mitbekommen. Wenn man einen Christen sucht, reicht es nicht aus, ihn in einem christlichen Kontext kennengelernt zu haben. Wir müssen ein bisschen in ihn hineinschauen: Wofür begeistert er sich wirklich? Wann beginnen seine Augen zu glänzen, welches Thema bringt ihn zum Reden? Interessiert er sich für geistliche Dinge, oder langweilen sie ihn? Man sagt ja bekanntlich: Wovon das Herz voll ist, davon geht der Mund über. Wofür entscheidet er sich, wenn es hart auf hart geht? Ist ihm dann sein Glaube noch wichtig? Spürt man, dass er in seinem Herzen von Gott berührt worden ist? Für das Gelingen einer Beziehung ist es wichtig, dass man Glaube und Werte miteinander teilen kann – und zwar nicht nur mit den Lippen.

Vorsicht, Christen! Punkt II: Christ sein allein reicht nicht. Bringt er auch einen guten Charakter mit? Denn nicht alles, was glänzt, ist Gold! Wir denken automatisch, dass Christsein einhergeht mit respektvollem Verhalten, mit Tugenden und Wertvorstellungen, mit Ehrlichkeit, Liebesfähigkeit und so weiter. Vielleicht ist das in vielen Fällen auch so. Aber bitte verlasse dich nicht blind darauf! Es prüfe, wer sich ewig bindet!

Bin ich zu wählerisch?

Viele Singles verstecken sich hinter einer Punkteliste mit den wichtigsten Eigenschaften ihres zukünftigen Ehepartners. Und dann sagen sie: »So einen werde ich nie finden; einen Mann, der das alles hat, gibt es gar nicht.« Wer so an die Sache herangeht, ist selbst schuld, wenn er niemanden findet! Und siehe da, plötzlich kommt die Trägerin einer detaillierten Punkteliste mit einem neuen Freund, und – Überraschung! – die meisten Punkte ihrer Liste werden auf einmal ignoriert: Der Freund ist nämlich ganz anders. Und es macht ihr gar nichts aus.

Ich bin davon überzeugt, dass die »Liste« nur ein Vorwand ist. Aber mit einer großen Gefahr verbunden: Denn der Vorwand kann zu einer echten Wand werden, nämlich einem »Brett vor dem Kopf«, das einem den offenen Blick auf »den Richtigen« verstellt. Im Ernstfall werfen die meisten ihre Liste über Bord. Denken wir mal an unsere letzte große Verliebtheit – waren uns da nicht viele Punkte plötzlich nicht mehr so wichtig? Hast du wirklich an die Liste gedacht, als du endlich mit ihm alleine warst, die Gruppe clever abgehängt? Nur die echten Beziehungskriterien sollten als »No-Gos« auf deiner Liste stehen. Alles andere sind Götzen – falsche Götter. Wer einem solchen selbstgebastelten Idol nachhängt, übersieht vielleicht einen Menschen, der auf seine ganz eigene Weise liebenswürdig ist.

Es gibt da ein bauernschlaues Sprichwort, das lautet: »Schönheit vergeht, Hektar besteht.« Schreiben wir es für uns um: »Schönheit vergeht, Charakter besteht.« Oder: »Schönheit vergeht, Beziehung besteht.« Worauf wir besonders achten müssen, wurde hier schon gesagt. Aber man isst bekanntlich auch mit den Augen und soll das Äußere des anderen auch anziehend finden. Zwei Dinge sind zu unterscheiden: Wie sieht der andere aus? Und wie richtet er sich her?

Erstens, wie sieht er aus? Gibt es schöne und hässliche Männer? Ich meine, dass wir in der Regel besser von Männern für den ersten Blick und Männern für den zweiten Blick sprechen sollten. »Schönlinge« waren für mich nie interessant. Sie waren mir zu anstrengend; den Schönlingen werfen sich Frauen an den Hals, und Gelegenheit macht bekanntlich Diebe. Prinzipiell mag ich eigentlich bärige Männer. Aber zweimal verliebte ich mich so richtig in einen smarten Schlanken – und opferte damit einen wichtigen Punkt meiner imaginären Punkteliste. Nach wenigen Wochen mit dem Schmächtigen hatte sich meine subjektive Sicht vollkommen verändert. Ich hätte um keine Sache der Welt einen Bärigen gegen seine Eleganz und Behendigkeit eingetauscht – und konnte mir plötzlich gar nicht vorstellen, was ich vorher an den tollpatschigen Riesen gefunden hatte. Kurz und gut: Mit der Liebe passt sich oft das eigene Ideal an den Geliebten an. Praktisch – aber wahr.

Eine Freundin hatte lange einen Mann gesucht. Mister Perfect kam nach fünf einsamen, tränenreichen Jahren. Sie informierte per E-Mail alle Freundinnen: »Er ist einfach unglaublich, er ist es! Aber er ist gar nicht mein Typ.« Ohne ihn zu kennen, nickten wir Freundinnen zustimmend: »Wie er aussieht, ist ja eigentlich nicht so wichtig.« Aber dann wurde er uns vorgeführt: Wirklich nicht der Hingucker. Doch wir lernten ihn besser kennen … und nach ein paar Monaten sind wir geschlossen der Meinung: Das ist ein Charaktertyp, und er sieht echt gut aus. Ein Mann für den zweiten Blick.

Zweitens, wie richtet er sich her? Mit gutem und sicherem Stil kann man die meisten Geburtsfehler elegant ausgleichen oder sogar zum Vorteil nützen. Ob Mann oder Frau – mit ein wenig Körperpflege, mit Stil und passendem Outfit nimmt man einen besonderen Glanz und eine besondere Ausstrahlung an. Allerdings muss man Stilsicherheit erst erwerben und Mühe darauf verwenden. Wer unsicher in der Garderobe ist, könnte ein paar Euro in eine Farb- und Stilberatung investieren. Oder man nimmt einfach einmal eine elegante, stilsichere Freundin mit in den Kleiderladen. Und manchmal hilft es, zu einem richtig guten Friseur zu gehen und zu sagen: »Sie sind der Meister. Machen Sie mal das Beste draus. Sie haben freie Hand!«

Öfters sind es erst die Frauen, die einen guten Stil für ihre Männer finden. Aber wenn du nicht wie George Clooney aussiehst, wäre es von Vorteil, sich vorweg auch selbst darum zu kümmern.

Ich sage das alles gewissermaßen in Klammern. Schließlich meint Friedrich Torbergs Heldin Tante Jolesch: »Alles, was ein Mann schöner is' als ein Aff, ist ein Luxus.« Schönheit vergeht …

Um staunend vor der Größe des anderen stehen zu können, braucht es kein Vorweisen eines Universitätsabschlusses. Interessanterweise spielen Bildungsunterschiede bei Scheidungen statistisch keine Rolle.

Die Bildungsfrage stürzt uns in ein Dilemma: Wenn durchschnittlich mehr Frauen als Männer studieren und von diesen Männern dann noch eine bedeutende Anzahl Frauen mit geringerer Ausbildung heiraten – dann bleiben nicht wenige Akademikerinnen rein rechnerisch »übrig«. Es sei denn, sie sähen sich auch anderswo um. Und nun die gute Nachricht: Das klingt zwar für viele ungewöhnlich, aber es gelingt. Heutzutage kann fast jeder studieren, und auf vielen Unis ist das nicht mal eine große Herausforderung. Da muss man sich von der überkommenen Vorstellung »Es muss aber ein Akademiker sein« lösen!

Frau meint ja in Wirklichkeit: Ich möchte einen gebildeten Mann haben, der sich für die Welt interessiert, Zusammenhänge versteht und mitdiskutieren kann. Ich suche jemand, der auf einer Party keine peinlichen Fragen stellt. Ja, das verstehe ich. Aber so einen findet man auch ohne Uni-Abschluss. Und übrigens: Die Welt ist voll von peinlichen Akademikern!

Vor kurzem habe ich – das gibt's noch! – einen richtigen Straßenkehrer kennengelernt. Er stammt aus der intelligentesten Familie, die ich kenne. Seine beiden Brüder unterrichten an Universitäten. »Warum bist du ausgerechnet Straßenkehrer geworden?«, fragte ich ihn überrascht. »Ich möchte philosophische Bücher lesen und darüber nachdenken. Beim Kehren kann ich den ganzen Tag ungestört überlegen.« Wow! Beppo (den Straßenfeger aus Michael Endes »Momo«) gibt es wirklich! Und wir lernen dabei – ob Mann oder Frau: Um einen Diamanten zu entdecken, muss man oft zweimal hinsehen. Atemzug, Schritt, Besenstrich.

Der Mythos vom Seelenverwandten

Zurück zu Aristophanes' Kugelmenschen. Irgendwann in den letzten Jahrzehnten sind wir Menschen des Westens dieser 2400 Jahre alten Ente aufgesessen. Und plötzlich wurde das Heiraten und das Verheiratet-Sein sehr kompliziert. Sollte man also nur »Seelenverwandte« heiraten? Ja, würde Aristophanes sagen, logisch, unsere andere Kugelhälfte. Nein, sagt der US-amerikanische Bestsellerautor Gary Thomas, nicht einen Soul Mate (Seelen-Partner) suchen wir, sondern einen Sole Mate (einen einzigen Partner).

Es ist natürlich schön, einen seelenverwandten Menschen zu finden. Aber für eine glückliche Beziehung ist das nicht notwendig. Wir suchen kein *Alter Ego,* sondern einen Gefährten. Der Gefährte denkt, fühlt und funktioniert nicht in allem wie ich, aber er teilt alles mit mir. Ich suche keinen Doppelgänger, sondern einen Freund, der mit mir den Weg des Lebens geht. Wir müssen pragmatischer werden. Sonst könnte es sein, dass wir etwas Falsches und deshalb vergeblich suchen.

Kleine Schmetterlingskunde

Ein kurzer Gedanke über den Stellenwert emotionaler Liebe für eine gelungene Beziehung. Werfen wir einen Blick zurück auf unsere Inder vom Anfang dieses Kapitels. Da heiratet jemand ohne emotionale Verliebtheit eine Unbekannte, weil die Eltern es wollen und weil er das (kulturell bedingt) für richtig hält. Man entwickelt eine Freundschaft und lebt im besten Fall eine gute, respektvolle Ehe. Geht das auch bei uns? So zum Beispiel: Du, Frau, bist Single und wünschst dir eine Familie. Ich, Mann, bin Single und wünsche mir eine Familie. Wir sind uns sympathisch. Sollen wir es probieren miteinander? Wir wissen ja beide: Die Schmetterlinge im Bauch halten sowieso nicht ewig an … also, wie sieht es aus?

Das ist eine schwierige Frage. Ja, es stimmt, die emotionale Verliebtheit hält im Normalfall nicht ewig. Und natürlich kann man auch ohne Schmetterlinge im Bauch heiraten. Man wird ja in der Kirche nicht gefragt: Sind Sie auch wirklich romantisch verliebt?

Kurz und gut, ja, man kann auch aus Vernunftgründen heiraten und glücklich werden, wenn die Kriterien erfüllt sind und eine grundlegende Anziehung zwischen den beiden da ist. Es muss sich aber eine geistig-seelische Verbundenheit einstellen. Wir halten zueinander, du zu mir, ich zu dir, und das für immer. Es muss eine Verbundenheit sein, in der man sein Leben für den anderen geben würde. Das muss so stark werden, dass man es spürt. Das nennt man dann Liebe, innige Liebe, und das geht auch ohne Schmetterlinge.

Aber Vorsicht: Ohne diesen hilfreichen Unterstrom

der emotionalen Liebe stoßen wir auf zwei große Gefahren: Erstens, dass jemand anders irgendwann eine Verliebtheit in einem der beiden nichtverliebten Verheirateten hervorruft. Wer daheim seine Frau nicht innig liebt, der fällt an der nächsten Ecke um, weil er dort ein Gefühl erlebt, das er aus der Beziehung zu seiner Frau nicht kennt. Die zweite Gefahr ist, dass, wenn sich die geistig-seelische Verbundenheit nicht einstellt, man nicht wirklich geliebt wird, dann tut das weh und hört nicht auf zu schmerzen.

Ältere, erfahrene, durch Beziehungen gereifte Menschen suchen Wertschätzung, Austausch und gutes Miteinanderumgehen. Sie brauchen die emotionale Verliebtheit weniger stark. Gereifte Menschen müssen sich mögen und miteinander »schaffen« können, dann kann auch die Beziehung gelingen.

Wie sicher sollte man sich sein?

Erkennen, ob es passt

Manche Paare sehen sich das erste Mal und wissen: Wir gehören zusammen. Das muss aber nicht so sein, und es ist auch nicht gerade häufig.

Daniel sah seine Katie zum ersten Mal auf einer Party um vier Uhr früh, als sie gerade nach Hause aufbrechen wollte. Er war nicht mehr ganz nüchtern, aber geistesgegenwärtig genug, sie um ihre Telefonnummer zu bitten. Sie telefonierten ein paarmal *long-distance;* Katie stammt nämlich aus Schottland. Daniel war sich ganz sicher, dass er die Frau seines Lebens getroffen hatte. Plötzlich verschlechterte sich der Gesundheitszustand von Katies schwerkrankem Vater. Er lag im Sterben. Da fuhr Daniel kurzerhand zum Flughafen, nahm den nächsten Flug nach Edinburgh, mietete dort ein Auto und fuhr auf gut Glück mit Vollgas in die hoffentlich richtige Richtung. Er fand das abgelegene Haus … bahnte sich einen Weg durch ärgerliche Verwandte – »*It's not a good time!*« – und an einer schwer überraschten Katie vorbei an das Sterbebett. Dort bat er den Vater um Erlaubnis, die Tochter heiraten zu dürfen – und seinen väterlichen Segen dafür. Der Vater segnete sie und starb binnen einer Stunde. Die beiden heirateten, und wenn sie nicht gestorben sind … und so weiter. Nur ist das eine wahre Geschichte. Aber solche filmreifen Highlights ereignen sich selten.

Normalerweise lernt man sich kennen, schließt nichts aus, lernt sich besser kennen, wird sich sicherer. Irgendwann hört man dann: »Es ist so natürlich mit

ihm …«, »als ob es immer schon so gewesen wäre …«,
»ich fühle mich ganz zu Hause bei ihm«, »ich bin im
Frieden und darf so sein, wie ich bin« und so weiter.
Die beiden sind sich »sicher«, entscheiden sich füreinander und heiraten.

Was, wenn man sich aber nicht hundertprozentig »sicher« ist?

Die erste Frage, die sich stellt, ist die: »sicher« – worin?

- Dass er der »Richtige« ist? Den gibt es ja nicht; es
  gibt nur einen »Passenden«, für den man sich entscheidet.
- Dass er jemand ist, für den man sich entscheiden
  kann? Dann muss man die Grundvoraussetzungen
  und die Kriterien für eine gute Beziehung genau
  und ehrlich durchgehen.

Keinen Grund dagegen gefunden und immer noch unsicher? Dann muss man sich selbst auf den Zahn fühlen und die Frage stellen: Wie triffst du in anderen Fällen Entscheidungen? Bist du dir oft unsicher, und
musst du von Freunden und Verwandten zu den richtigen Entscheidungen gestoßen und gezerrt werden?
Ausbildungs-, Berufs-, Wohnungs- und Tapetenwahl
sind immer eine Qual für dich? Fühlst du dich häufig
»nicht gut genug«, zweifelst du oft, ob du etwas auch
richtig gemacht hast? Dann ist deine Unsicherheit in
der Partnerwahl kein schlechtes Zeichen, sondern ein
ganz normales Phänomen deines persönlichen Psycho-
haushalts. Lass dir von Freunden und weisen Men-

schen Rat geben und Mut machen, und gewöhne dich daran, ab und zu ins kalte Wasser zu springen.

Bist du aber spontan entscheidungsfreudig und mit einem guten Bauchgefühl ausgestattet, dann könnte deine Unsicherheit heißen, dass du am »Falschen« bist.

Prinzipiell und für den Normalfall kann man das nun so zusammenfassen:

- Der »Richtige« ist da, wenn man sich diese Frage nicht mehr stellt.
- Eine kleine Entscheidungskrise ist normal – nicht weil man am »Falschen« ist, sondern weil man dabei ist, einen sehr großen Schritt in seinem Leben zu machen.
- Wenn es vor der Heirat schon sehr schwer ist, passt es wahrscheinlich nicht. Scheidungen haben Frühwarnzeichen, die man schon vor der Heirat feststellen kann. Eheberatung schon vor der Hochzeit zu benötigen, heißt im Normalfall, dass beide etwas wahrmachen wollen, was nicht wahr ist.
- Wenn man zu lange über die Beziehung grübelt, ist es ein schlechtes Zeichen (außer, wie gesagt, man grübelt prinzipiell bei allen Entscheidungen).
- Achtung: Sex kann die Wahrnehmung trüben. Man könnte den anderen aufgrund der geschaffenen Vertrautheit weniger objektiv ansehen. Außerdem besteht die Gefahr, dass aufkeimende Probleme durch »drüber wegschmusen« oder »Make-up-Sex« verdeckt werden.
- Achtung: Auch das Zusammenlegen von zwei Haushalten ohne die Verbindlichkeit eines Trauscheins könnte die Entscheidungsfähigkeit einschränken: Obwohl es nicht wirklich passt, könnte man aus Bequemlichkeit beim »Falschen« bleiben.

- Achtung, Perfektionisten: Wer in der Ehe den Himmel auf Erden sucht, wird lange suchen. Also, Fehler des anderen akzeptieren und nicht auf Mister Perfect warten.
- Achtung, Optimisten: Was vor der Ehe nicht da ist, wird meist in der Ehe auch nicht mehr. Das betrifft auch Glaubensfragen! Überlege also: Er ändert sich nicht. Kann ich dauerhaft mit diesem oder jenem leben?
- Ach ja, und für die, die sich zwischen zweien nicht sicher sind: Der Richtige ist wahrscheinlich weder Mister A noch Mister B. Sonst würde dir die Auswahl nämlich leichtfallen. Vielleicht ist da ja noch ein Dritter, der sich freut; heißt es doch: »Wenn zwei sich streiten, freut sich der Dritte.«

Leider habe ich noch schlechte Nachricht für die, die auf der Achterbahn namens »Er mag mich, er mag mich nicht« sitzen: Im Normalfall wird ein Mann, der eine Frau liebt, alles tun, um bei ihr zu sein. Wenn man das Verhalten eines anderen ständig interpretieren und kompliziert deuten muss, hat er mit großer Wahrscheinlichkeit keine ernsten Absichten. »Er hat mich gestern eine Sekunde länger angesehen als alle anderen, er liebt mich sicher! Er ist ja nur schüchtern …« Bist du ehrlich mit dir selbst, wenn du das glaubst?

Wenn er nicht der Richtige ist

Du hast Angst davor, allein zu sein. Du hast Angst, ihm weh zu tun. Du magst ihn und willst ihn nicht gehenlassen. Das verstehe ich alles. Aber wenn du merkst, dass er die Tests nicht bestanden hat und die Kriterien nicht erfüllt, dann musst du Konsequenzen ziehen.

Wenn es nicht passt, ist es besser, die Beziehung früher als später zu beenden. Eure Zeit ist wertvoll, und euer Herz ebenso. Je länger du wartest, desto schwieriger wird die Trennung. Natürlich brauchst du Zeit, um dir sicher zu werden. Aber wenn du es weißt, musst du mutig sein und einen Schlussstrich ziehen. Das ist sogar ein Gebot der Nächstenliebe! Denn je länger du wartest, desto mehr wirst du ihm weh tun.

Wie kann man »gut« oder »richtig« miteinander Schluss machen?

Überlege genau, und setze ihn über deinen Nachdenkprozess in Kenntnis! Mit vorsichtigen und zurückhaltenden Worten und sehr liebevoll, aber so, dass er – sollte es so weit kommen – nicht vollkommen überrascht ist.

Beende die Beziehung Aug in Aug! Auf keinen Fall per SMS oder Brief oder gar via Facebook durch Statusänderung! Das wäre zwar vielleicht auf den ersten Blick leichter, aber es ist feig und verletzt noch mehr.

Führe dieses Gespräch ohne Streit, Zorn, Wut oder Ärger! Mach keine Vorwürfe. Erkläre genau, was deine Gründe sind. Wenn du Wut verspürst, versuche genau zu entdecken, was der wirkliche Grund dafür ist. Vielleicht muss noch etwas ans Tageslicht geholt, besprochen und aufgearbeitet werden?

Versetze dich in die Lage des anderen! Verlassen zu werden tut weh. Wenn du kein Mitleid fühlst, sondern vielleicht sogar Genugtuung, bist du selbst noch nicht im Reinen mit der Situation. Oder wenn dir nicht der andere, sondern nur deine eigene Person leidtut, dann musst du außerdem menschlich noch ein bisschen wachsen.

Wascht keine schmutzige Wäsche in der Öffentlichkeit! Reife zeigt sich auch dadurch, dass man sich nicht von Emotionen steuern lässt. Die starken Gefühle rund um die Beendigung einer Freundschaft können einen schon mal verleiten, schmutzige Wäsche in der Öffentlichkeit zu waschen. Später tut es dir dann aber leid. Der größere Freundeskreis muss keine Details erfahren! Was einmal draußen ist, kannst du nicht mehr einfangen, also behalte es gleich für dich.

Eine Frau beichtete einmal bei Philipp Neri, dass sie Geheimnisse weitererzählt hatte. Er erteilte ihr die Absolution – und ging ein Huhn holen. Dem rupfte er eine Handvoll Federn aus und warf sie in den Wind. Dann gab er der armen Frau die Aufgabe, diese Federn wieder einzusammeln. Ja, so ist das mit allem, das wir weitererzählen.

Löst praktische Angelegenheiten möglichst rasch! Was liegt noch in seiner Wohnung? Welche Bücher oder DVDs hast du von ihm? In einer einzigen, logischerweise schmerzhaften Aktion sollte möglichst alles erledigt werden. Hat man zusammen schon etwas aufgebaut und gemeinsame Anschaffungen getätigt, sollten diese Dinge zügig »abgewickelt« werden. Nur dann ist die Beziehung auch äußerlich beendet, und beide Partner können sich ganz dem Neuanfang öffnen.

Sprecht euch für die Zeit unmittelbar nach der Trennung ab! Will man »Freunde bleiben«? Besucht man weiterhin gemeinsame Events? Oder soll es eine Art Kontaktsperre für einen bestimmten Zeitraum geben? Jedes (Ex-)Paar muss sich dies individuell überlegen. Und wichtiger als der konkrete Inhalt dieser Absprachen ist, dass man sich auch daran hält!

Sei verständnisvoll! Wenn der Verlassene eine gewisse Zeit stocksauer ist und allen möglichen Leuten Gemeines und Falsches über dich erzählt: Sei verständnisvoll. Er ist sehr verletzt. Er wird in absehbarer Zeit zur Besinnung kommen. Gieße kein Öl ins Feuer. Nimm keine Rache, auch wenn er unter jeder Gürtellinie agiert. Alle werden dich dafür bewundern. Und wenn es ihm wieder bessergeht, dann wird sogar er von deiner vornehmen Haltung beeindruckt sein.

Man begegnet sich meist wieder. Meist scheidet der Ex nicht für immer aus deinem Leben. Er ist noch Teil des Freundeskreises, wohnt vielleicht in derselben Kleinstadt, ist oder wird ein Arbeitskollege … im Normalfall begegnest du ihm wieder. Ein Ex von mir wurde sogar mein Vorgesetzter … da wäre ich gut beraten gewesen, einiges anders zu machen.

Merke dir deine Gründe! In Stunden der Einsamkeit könntest du zu zweifeln beginnen. Schreib dir die Gründe auf, erzähle sie deiner besten Freundin, damit sie dich zu gegebener Zeit daran erinnert.

Die Enttäuschung ist riesengroß bei dem, der verlassen wird. Aber auch für den, der die Entscheidung dazu getroffen hat, zerbricht eine große Hoffnung. Der Schauspieler Hans Moser hat dazu einmal ein trostreiches altes Wienerlied gesungen, ein »Gstanzl«:

Wann da Heagott net wü, nutsd des goa nix,
Sei net bös, net nervös, sog, es woa nix.
Renn nua net fazweihfed und kopflos herum,
Weu da Heagott wahs imma, warum.[10]

Wenn du Christ bist, musst du dich besonders gut und richtig verhalten. An einen Christen legt man eine höhere Messlatte an. Man ist immer ein Vorbild, und das Christentum wird an deinen Fehlern gemessen. Sei eine gute Visitenkarte, auch in dieser schwierigen Situation, damit man an dir keinen Anstoß nimmt!

Das richtige Timing

Wenn es einmal nicht gepasst hat, muss das noch nichts heißen! »Harry und Sally« finden sich bei ihren ersten Begegnungen unmöglich. Alle paar Jahre treffen sie

---

10 Wenn der Herrgott nicht will, nützt das gar nichts.
    Sei nicht bös, nicht nervös, sag, es war nichts.
    Laufe nur nicht verzweifelt und kopflos herum,
    Denn der Herrgott weiß immer, warum.

sich zufällig, bis die Zeit reif ist, sie sich verlieben und heiraten.

Walter war bekannt dafür, permanent mit den hübschesten Mädels zu flirten. Eine Beziehung da, eine andere dort. Keine Party ausgelassen und kein Hauch von Seriosität. Je älter er wurde, desto besorgter zeigte sich die Familie. Mit 39 Jahren stellt er seinen Verwandten plötzlich ein »Mauerblümchen« vor, ein einfaches Mädchen, in keiner Weise auffallend oder glamourös … und verkündet, dass er sie heiraten würde. Die Geschwister sind außer sich: Solche Frauen hat er in den letzten zwanzig Jahren nie auch nur angesehen. Musste er auch nicht, er wollte ja noch nicht heiraten und eine Familie gründen. Er wusste also die ganze Zeit über, dass er sich mit Gespielinnen traf, die nicht das Zeug dazu hatten, die Mutter seiner Kinder zu werden. Als die Zeit reif war, hatte er sich eine *gute* Frau gesucht!

Menschen verändern sich, setzen neue Prioritäten, entwickeln andere Vorstellungen vom Leben. Plötzlich passen zwei zusammen, die sich vor einiger Zeit nicht »entdeckt« hatten. Für Männer ist dies ein besonders wichtiger Punkt: Sie müssen bereit werden und sich bewusst dafür entscheiden, Verantwortung zu übernehmen, bevor sie sich um eine Frau bemühen, mit der sie längerfristige Absichten haben oder der sie gar einen Heiratsantrag machen. Denn es bedeutet, ein Bachelorleben zurückzulassen, das in seiner Ungebundenheit oft sehr spannend war.

Kapitel 2
Jemanden kennenlernen

Wo lernt man jemanden kennen?

Wo lernt man jemanden kennen? Im Prinzip überall. Der Cousin einer Freundin ging einst über einen Zebrastreifen, da sah er eine Frau im Cabrio, die eine Landkarte studierte. »Suchen Sie etwas?« Frech antwortete sie ihm: »Ja, die wahre Liebe.« – »Dann suchen Sie doch nicht mehr weiter«, entgegnete er. Man will es ja fast nicht glauben, aber die beiden sind nun wirklich glücklich verheiratet!

So etwas gibt es, und vielleicht schlägt die Liebe auch genauso bei dir ein.

Nur zur Sicherheit überlegen wir uns aber dennoch einen Plan B:

Vielleicht kennst du ihn schon? Riskiere einen zweiten Blick. So mancher Frau ist es plötzlich wie Schuppen von den Augen gefallen – und sie hat in einem Menschen, den sie schon lange kennt, »ihren« Mann entdeckt.

So erging es zum Beispiel der eleganten Katharina: Die junge Frau ist Gelegenheitsraucherin – am liebsten in Gesellschaft. Eines Abends saß sie mit einer Gruppe alter Freunde zusammen. Katharina übersah den langen Aschestengel an ihrer Zigarette. Gregor holte ihr einen Aschenbecher und hielt ihn unter die Zigarette, ohne vom Gespräch abzulenken. In diesem Moment wurde ihr klar, dass der Junge, mit dem sie im Sandkasten gespielt hatte, ein Mann für sie sein könnte. »Für den Glimmstengel meiner Zigarette ist er ohne Aufforderung aufgestanden und hat mir einen Aschenbecher gebracht …«

Eine kleine Aufmerksamkeit war es, die ihr die Augen öffnete.

Manchmal denken wir, dass wir einen Menschen schon durch und durch kennen. Aber Vorsicht: Bei einer beruflichen Zusammenarbeit zum Beispiel ist das Miteinander oft auf die Arbeit und bestimmte praktische Verhaltensweisen reduziert. Kann es sein, dass wir einige Kollegen noch gar nicht wirklich »angeschaut« haben? Zu denken, man hätte den einen oder den anderen schon vollends erkannt und fände ihn beziehungstechnisch uninteressant, ist genau der Fehler, der auch mich selbst zum bloßen Kumpel macht. Riskieren wir also einen zweiten Blick. Vielleicht wird daraus keine Ehe, aber echte Freundschaft. So oder so – es wird in jedem Fall eine großartige Überraschung.

Vervielfache deine Bekannten! Die Single-Zeit ist die beste Zeit, um Netzwerke zu vergrößern, Bekanntschaften zu schließen und neue Freunde zu finden! Das ist sowohl menschlich als auch beruflich interessant. Und wenn Heirat und Kinder soziale Neuentdeckungen eher auf Eis legen, bleiben die schon erschlossenen Gebiete bestehen.

Wirf also dein soziales Netz so weit wie nur möglich aus. Überall kann man neue Leute kennenlernen, wenn man auf sie zugeht! Manche sitzen herum und sagen: Unvorstellbar, wie unhöflich, niemand redet mich an! Aber hast du denn jemanden angeredet? Mache den ersten Schritt und stell dich vor. Auch, wenn es eine kleine Überwindung bedeutet. Davon bekommst du keine Falten. Im Gegenteil!

Auf Veranstaltungen erfährst du von anderen Veranstaltungen. Trag dich in E-Mail-Listen ein. Werde ein *Newsletter-Junkie!* Je mehr du erfährst, desto interessanter wird dein soziales Leben. Als Christ ist es gut, sich an eine Gemeinde, eine Pfarrei, eine neue geistliche Bewegung zu binden. Als partnersuchender Christ ist es aber besser, sich in vielen Gemeinden blicken zu lassen. *Parish-hopping,* so verpönt es auch sein mag, ist für Singles strategisch wichtig.

Beim Hopping durch die verschiedenen christlichen Gruppen kann es sein, dass du auch auf schwierigere Menschen stoßen wirst, die dort eine offene Tür finden und sich angenommen fühlen. Auf deiner Heiratsodyssee in christlichen Gewässern wirst du dich in so manchem höflichen Gespräch mit Singles wiederfinden, die keine Heiratskandidaten sind. Das schadet dir aber nicht … sondern ist eine Tat der Nächstenliebe.

Lass deine Sozialstrategie von deinem Interesse geleitet sein! Wenn du Dinge machst, die deinen Hobbys entsprechen, lernst du automatisch Leute kennen, die dieses Hobby teilen. Eine alleinstehende ältere Dame wanderte sehr oft auf den Linzer Hausberg, den Pöstlingberg, um dort zu beten. Zwei Heiratsangebote bekam sie von Männern, die sie auf diesem Weg kennengelernt hatte. Die gemeinsame Leidenschaft für diese Wanderroute und den Berg verband sie mit bemerkenswerter Intensität.

Location matters. Neue Leute kann man fast überall kennenlernen. Aber bedenke bitte: *Wohin* du gehst, das macht den Unterschied! Was »auf der Packung steht«, stimmt meistens: Der Ort bestimmt den Menschenschlag. Im billigsten Neun-Bett-Zimmer einer Jugendherberge auf Santorin traf ich einen netten

Amerikaner. »Seit wann bist du denn hier?«, fragte ich ihn. Er begann zu überlegen und antwortete dann: »Seit ungefähr zwei oder drei Jahren.« Ein Aussteiger! Damals fand ich das schick. Aber nur ein paar Tage lang.

In unterschiedlichen Lokalen und Veranstaltungsorten begegnet man unterschiedlichen Menschentypen. Im Nobelcafé in Wien trifft man perfekt gestylte, kulturorientierte Gesellschaftsmenschen mit klaren Aufgaben im Leben. Auf dem Oktoberfest in München sieht dies anders aus. Beim Kardinal-Newman-Lesezirkel triffst du intellektuelle Katholiken. Nach dem evangelikalen Sonntagsgottesdienst kannst du begeisterte, redselige Christen kennenlernen. Im Fitnessclub und beim Fußballmatch … na, du weißt schon.

Hast du schon überlegt, welcher Mensch gut zu dir passen würde? Organisiere deine Strategie danach! Aber beachte: Mache das, was du gerne machst, denn es tut dir gut und bringt dich automatisch mit Menschen in Kontakt, die ähnliche Interessen haben wie du. Außerdem hast du in einem Umfeld, in dem du dich wohl und gut fühlst, die schönste Ausstrahlung.

Location does not matter. Einerseits kommt es darauf an, *wo* man Menschen trifft. Andererseits aber auch nicht. Vielleicht gehst du fast nie in eine Diskothek – nur einmal ausnahmsweise, weil du mit Freunden gerade in der Nähe unterwegs und in Stimmung warst? Vielleicht meintest du sogar, dass es unmöglich wäre, dort einen Heiratskandidaten kennenzulernen? Aber wer weiß, vielleicht dachte der, der da neben dir tanzt, gerade noch genau dasselbe?

Meine Freundin Claudia und ich haben die Paragraphen des Jurastudiums jeden Donnerstag auf dem Mensafest durch fröhliches Tanzen verdaut. Beide waren wir aber davon überzeugt, dass wir dort nur Loser kennenlernen würden – ein guter Student, ein guter Mann geht doch nicht auf solche Feste! »Schau dir den da drüben an«, flüsterte sie mir fast skandalisiert ins Ohr, »was ist denn das für einer, den seh ich ja auf jedem Mensafest!« Aha – und gesehen hast du ihn, weil du selbst auch dort warst! Wir haben dort die Männer fürs Leben dennoch nicht gefunden.

Bemühe dich, Freunde von Freunden kennenzulernen! Die Chancen stehen gut, dass deine Freunde Menschen kennen, die viel mit dir gemeinsam haben. »Bring a friend!« ist ein gutes Motto für einen netten Abend bei dir zu Hause. Oder du begleitest eine Freundin zur akademischen Titelverleihungsfeier ihrer Cousine. Auf Festen und Abendeinladungen ist es wichtig, dass du mit allen, besonders denen, die du noch nicht kennst, ins Gespräch kommst. Ganz wichtig ist es auch, den eigenen Blick mal auf diejenigen zu lenken, die vielleicht nicht im Mittelpunkt stehen. Es ist nicht alles Gold, was glänzt – und so mancher Eilige oder Oberflächliche hat schon die wahren Nuggets übersehen.

Keine Angst vor Singleaktivitäten! Es gibt Menschen, die zu Veranstaltungen für Singles »nie im Leben« gehen würden. »So etwas brauche *ich* doch nicht …« Und sollten sie dennach kommen, dann stehen sie angstvoll herum, als täten sie etwas Unmoralisches. Sie halten ihr Glas mit spitzen Fingern in der Hand, als ob es schmutzig wäre. Wie hochmütig, wie arrogant!

Was sollte denn an der Teilnahme an Singleveranstaltungen peinlich sein. Ebenso treffen sich Jugendliche, Familien und Rentner – Menschen in ähnlichen Lebenssituationen mit ähnlichen Fragen und Anliegen.

Wenn dir etwas wichtig ist, darfst du dich nicht scheuen, dich darum zu bemühen. Ich fand es unendlich befreiend, als meine Freundin Sophie, die viele Jahre mal da, mal dort Hoffnungen hatte, eines Tages mit dem Fuß aufstampfte und rief: »Ich brauche einen Mann!!!« Man darf ruhig dazu stehen. Denn erstens wissen es ohnehin alle. Und zweitens ist es nichts Unanständiges.

Es stimmt natürlich, dass man sich wünscht, seinen Ehemann auf romantische, herkömmliche Weise kennenzulernen. Ungefähr so: Plötzlich ertönt sanfte Musik im Hintergrund, am anderen Ende des Partyraumes kommt der atemberaubende Schönling herein … er sieht sich kurz um, sein Blick bleibt an dir (!) hängen … er vergisst die Welt um sich, geht kerzengerade auf dich zu … alle anderen Frauen sehen erschrocken und neiderfüllt aus den Augenwinkeln zu, während sie mit langweiligen, neurotischen Männern weiterplaudern müssen … er lässt dich nicht aus den Augen! Dein Atem stockt, da ist er schon! Er öffnet den Mund und durch eine rosa Wolkenwand hörst du ihn sagen: »Schau mir in die Augen, Kleines …« – und er küsst dich. Na ja … so etwas kommt nicht alle Tage vor, auch nicht bei Models. Die meisten lernen sich eben irgendwo kennen, die Romantik stellt sich dann schnell ein, ob beim Set-up, bei der Singleparty oder zufällig an der Bushaltestelle. Wo man sich kennenlernt, ist zweitrangig.

Auf ins Internet! Denn Fische fängt man bekanntlich im Netz! Wo man sich kennenlernt, ist zweitrangig, das betrifft auch das Internet. Dein Kalender sollte mittlerweile voll sein mit Terminen von Vortragsabenden, Tanzveranstaltungen, Gebetskreisen, Wanderungen, vom Freundesstammtisch bis zum ehrenamtlichen Engagement beim Roten Kreuz oder sonst wo. Gut so! Aber vielleicht wohnst du in einer Kleinstadt, im Auenlande sozusagen? Du findest es überflüssig, dort immer die gleichen Leute zu treffen – und jeden Abend in die Stadt zu fahren ist einfach zu weit. Für Partnersuchende ist es sicherlich die Überlegung wert, in eine Großstadt zu ziehen – zumindest vorübergehend. Aber bis dahin – und in jedem anderen Fall: Melde dich auf einer Online-Heiratsbörse an.

Ein gehöriger Teil des sozialen Lebens hat sich ins Internet verlagert – so sollte auch deine Suche teilweise dorthin wandern.

Sehen wir es mal mathematisch: Der Tag hat 24 Stunden, so weit, so gut. Davon schläft man acht, sollte man zumindest. Weitere acht gehen für die Arbeit drauf, eine Stunde Wegzeit insgesamt. Eine Stunde für Familiäres, eine für den Haushalt. Eine Stunde Lesen, Meditieren, Beten, eine halbe für die Tagesschau, eine weitere halbe im Bad. Bleiben vier soziale Stunden, um jemanden kennenzulernen. Durchschnittlich verbringt man heute 30 Prozent seiner Freizeit im Internet: Das sind 1,5 dieser vier Stunden. Dadurch sinken die Chancen, jemanden »offline« kennenzulernen, auch wenn man selbst weniger Zeit im Internet verbringt. Singles, die strategisch denken, werden dort sein, wo alle sind: im Internet. Ob diese Entwicklung in unserer Zeit ein echter Fortschritt ist oder nicht, ist eine andere Frage. Aber es ist nun einmal so. Und die

Zahl der Ehen, die im Internet begonnen haben, schießen in die Höhe.

Manche finden das Vervielfachen der Bekannten und Netzwerke sowie das häufige Ausgehen anstrengend. Andere sind nach einem Arbeitstag einfach erledigt. Da ist ein Internet-Abend eine willkommene Erholung.

Im Internet sind vorerst einmal alle gleich.[11] Da ist der »erste Eindruck« ein anderer. Für all jene, die keine Diven sind, die von Natur aus alle Blicke auf sich ziehen und die in jeder Gesellschaft der soziale Mittelpunkt sind, ist das Internet eine Chance. Extrovertierte und Introvertierte sind endlich gleichberechtigt! Auch für diejenigen, die nicht in Metropolen wohnen, ist das Internet eine große Hilfe. Aber auch für jene, die neu sind in einer Stadt und noch nicht jeden Abend irgendwohin eingeladen werden. Manchen Partnersuchenden ist es auch unangenehm, bei ihrer Suche von Verwandten, Nachbarn und Bekannten auf Schritt und Tritt beobachtet zu werden. Da kommt ihnen die Privatsphäre des Internets gelegen, die es erlaubt, seine Suche den allzu interessierten Augen ein bisschen zu entziehen. Freche Männer können einem außerdem im Internet nicht auf die Pelle rücken. Die Deletetaste ist dort ein echter Vorteil.

Ob einige Punkte für dich zutreffen oder nicht: Eine Online-Heiratsbörse ist in jedem Fall ein weiteres Eisen im Feuer – und bringt Farbe ins Leben.

Als Betreiberin einer solchen Plattform höre ich immer wieder: Onlinedating ist nur etwas für *Übrig-*

---

11   Zu diesem Thema sei als weiterführend empfohlen: Amy Bonaccorso, How to get to »I do« – A Dating Guide for Catholic Women, Servant Books, 2010, USA, S. 20–42.

gebliebene. Wenn ich jemandem vorschlage, es mal auszuprobieren, heißt es: Was, meinst du wirklich, dass es so schlecht um mich bestellt ist? Ich verstehe das nicht. Liebe Leserinnen und Leser, die halbe Welt ist Mitglied auf Single-Webseiten. Warum warten, bis der Leidensdruck übergroß wird? Wozu sich das Leben unnötig schwermachen? Um gegenüber anderen Partnersuchenden nicht zugeben zu müssen, dass man selber auch sucht? Na hallo, welche Perle sollte dir denn aus der Krone fallen?

Wer es noch nicht weiß, sogar die Eltern von Joseph Ratzinger, Papst Benedikt XVI., haben sich durch eine Zeitungsannonce kennengelernt, die Vorläuferin der Single-Webseite. Am 11. Juli 1920 schaltete Herr Joseph Ratzinger sen. im Altöttinger Liebfrauenboten diese Kleinanzeige: »Mittlerer Staatsbeamter, ledig, kath., 43 J., pensionsberechtigt, wünscht sich mit gut kath. Mädchen mit tadelloser Vergangenheit, das kochen u. auch etwas nähen kann, Vermögen erwünscht, jedoch nicht Bedingung, baldigst zu verehelichen.«[12] Am 9. November desselben Jahres heiratete Joseph eine Maria. Joseph jun. wurde 1927 als drittes Kind geboren.

Es ist nicht peinlich, zuzugeben, dass man auf der Suche ist. Vielmehr ist es ein Zeichen von Reife. Denn der innerlich gereifte Mensch muss niemandem mehr etwas vormachen. Die Partnersuche ist viel zu wichtig, um sie aus vermeintlich nobler Zurückhaltung nicht mit allen strategischen Mitteln zu verfolgen. Es gibt Filme, in denen der (Anti-)Held verschmachtet, aber der Angebeteten nichts sagt, weil er nicht auf-

---

12   Altöttinger Liebfrauenbote vom 11. Juli 1920. Aufgegriffen in einem Bericht von Helmut Böger in der Bild-Zeitung am 10. September 2006. Text der Annonce leicht adaptiert und gekürzt.

dringlich sein will. Am Ende nimmt er sich aus Herzeleid das Leben – obwohl sie ihn eigentlich gewollt hätte! Wie dumm! So jemand verdient nicht einmal Mitleid! Noble Zurückhaltung ist gut. Aber nicht immer, und schon gar nicht, wenn es um etwas so Wichtiges geht wie die Partnerwahl.

Onlinedating
richtig gemacht

Onlinedating ist ein Eisen im Feuer. Aber es hat auch Tücken. So macht man es richtig:

Beschreibe dich wahrheitsgemäß. Auf den meisten Webseiten füllt man einen Profilbogen aus. Das darf kein billiges Anpreisen sein, sondern muss dich möglichst akkurat beschreiben, ebenso deinen Lebensentwurf und die Dinge, die du gerne tust.

Das Ausfüllen ist ein kleiner spannender Selbsttest, den man am besten mit einer Vertrauensperson bespricht. Ehrlichkeit ist wichtig! Denn man hat nichts davon, einen Interessenten auf eine falsche Fährte zu locken. Man beschreibe, wer man *ist* – und nicht, wer man *sein möchte!* Eine übergewichtige Frau und ein kleiner Mann sollten dies auch angeben – sonst könnte derjenige, der vielleicht auf das eine oder andere Wert legt, nach dem ersten Date enttäuscht nach Hause gehen.

Ein Foto sagt mehr als tausend Worte. Ein oder noch besser mehrere Fotos sind äußerst wichtig. Profile ohne Foto werden viel seltener aufgerufen. Ein Foto soll gut gemacht und attraktiv sein, aber den Interessenten nicht hinters Licht führen.

Despacio – langsam! Man soll sich von einem interessanten Kontakt nie zu schnell zu viel erwarten! E-Mails können viel aussagen, aber bei weitem nicht alles. Und sie können auch täuschen. Man freue sich über Nachrichten und auf ein persönliches Treffen, aber man hänge nicht sein ganzes Denken und Glück daran.

Verliebe dich Hals über Kopf *frühestens* nach dem ersten Treffen!

Ein guter Gesprächsaufhänger für die ersten E-Mails und Gespräche ist es, **Gemeinsamkeiten** zu suchen. Hobbys und Sport; Bücher und Filme; Vorbilder und Helden – das sind gute Einstiegsthemen.

Die ersten persönlichen Treffen sollten **auf keinen Fall zu Hause** stattfinden, sondern immer an öffentlichen Orten, die im Normalfall von der Dame ausgesucht werden. Denn sie soll sich dort sicher fühlen! Die private Adresse bitte nicht voreilig bekanntgeben. Nimmt jemand für das Treffen einige Stunden Fahrt auf sich, entsteht meist die Frage der Übernachtung. Da sollte man in den sauren Apfel beißen und ein Hotel zahlen.

Höflichkeit ist auch im Internet wichtig, auch wenn es verlockend ist, sich hinter der Anonymität zu verstecken! Persönliche Nachrichten sollten immer beantwortet werden – auch wenn man jemandem absagt. Ein höfliches »Nein danke!« ist allemal besser als keine Antwort.

Das Internet ist nur ein zweitrangiger Treffpunkt. Anstatt zu viel Zeit auf Webseiten zu verbringen, sollte man unter Menschen sein und sich von ihnen im guten Sinne »formen« lassen.

Die gute Nachricht für Frauen: Online sind meistens ein bisschen mehr Männer als Frauen aktiv! So oder so: *CU* online! *Lol*![13]

Christen können auch im nichtchristlichen Bereich suchen

Wenn du Christ bist, achte darauf, keine falschen Vorbehalte zu haben. Im nichtchristlichen Bereich ist nicht jeder schlecht oder darauf aus, seinen Ehepartner zu betrügen. Du wirst überrascht sein, wie viel Großzügigkeit und guten Willen du unter Nichtchristen findest. Denk daran, dass du der Botschafter deines Glaubens bist. Unter Nichtchristen hast du die besondere Aufgabe, kein Stein zu werden, an dem sich ein anderer stößt, wenn er sich dem Christentum zuwendet. Wenn du in ein Casino gehst, könntest du meinen, dass du die Einzige mit geistlichem Interesse bist. Aber das stimmt nicht. Das Interesse an religiösen Dingen wächst mit der Lebenserfahrung, und es ist gar nicht so unwahrscheinlich, dass jemand genau auf das, was du ihm sagen kannst, gewartet hast.

Eisen ins Feuer legen

Ich fasse zusammen: Um einen Partner zu finden, soll man alles tun, was möglich und zumutbar ist. Ja, das ist anstrengend ... aber die wichtigen Dinge des Le-

---

13 Internetkürzel werden von Vielschreibern gerne verwendet. *CU* steht für *See You* – bis bald! Und *lol* für *laughing out loud*, was so viel bedeutet wie: viel lachen.

bens haben ihren Preis. Handle so, als ob alles von dir abhinge, und vertraue so, als ob alles von Gott abhinge.

Gibt es da Menschen in deinem Leben, denen du mit mehr Offenheit und Interesse begegnen könntest? Wo hast du Möglichkeiten, neue Leute kennenzulernen? An welchen Singleaktivitäten könntest du teilnehmen, bei welcher Online-Heiratsbörse dich anmelden? Wir legen also viele Eisen ins Feuer. Oder Eier in den Korb, wie man auf Englisch sagt.

Ein US-amerikanischer Dating-Guide[14] stellt einen hinkenden und dennoch brauchbaren Vergleich an: Einen Ehepartner zu finden ist so kompliziert, wie einen Parkplatz in New York City zu ergattern. Man fährt auf und ab und hin und her, versucht mal den einen – oh, Parkverbot –, dann den anderen – ach, zu klein! Man schimpft und geifert, schwört sich, nie wieder das Auto zu nehmen. Schlussendlich schafft man es doch … und vergisst die Schwierigkeiten und Unannehmlichkeiten innerhalb einer halben Sekunde.

---

14 Amy Bonaccorso, op. cit., Einführung von Fr. John McCloskey.

Wie lernt man jemanden kennen?

Mein Philosophieprofessor, ein echter Professor vom Scheitel bis zur Sohle, war bekannt für die bunten Illustrationen seiner Vorträge. »Was ist Liebe?«, war eines Tages die große Frage. Wir saßen auf weißen Klappstühlen, draußen schien die Sonne. Dr. Fedoryka begann im Audimax herumzustolzieren wie eine feine Dame. »Was macht eine Prostituierte? Wenn ihr jemand nachgeht, dreht sie sich um und zeigt ihm ein Stück Bein«, – der Professor lüftete anschaulich sein Sakko –, »folge mir – deine Belohnung wird sich sehen lassen können.« Er dreht um und stolziert in die andere Richtung: »Was aber macht eine Königin? Wenn ihr jemand nachgeht, dreht sie sich um und sagt: Diene mir! Er fragt sie: Was bekomme ich dafür? Und die Königin sagt: Nichts!« Und das, liebe Leserinnen und Leser, ist die Liebe. Sie erwartet keine Gegenleistung, sie kalkuliert nicht, sie stellt keine Honorarnoten. Sie rechnet nicht auf – wer wie viel wann gemacht hat. So wird die Liebe zweier Menschen mehr als eine *Partnerschaft,* die per definitionem durch möglichst ausgeglichenes Geben und Nehmen gekennzeichnet ist. Die echte Liebe wird zu einem *Bund.*

Ganz wichtig ist nun für das Kennenlernen: Dass wir nicht versuchen, Liebe durch Verlockungen zu erkaufen oder zu erzwingen. Liebe muss frei sein, sonst bleibt sie nicht. Liebe finden heißt eben nicht, den Vogel in den Käfig zu locken und dann möglichst schnell das Türchen zuzuschlagen.

Die richtige Einstellung,
mit der man jemanden kennenlernt

Offen für Freundschaft

Zu Neujahr veranstalte ich jedes Jahr eine Winterfreizeit für Singles. Schnee, Sport, Gespräche, die Seele
baumeln lassen. Johanna reiste am zweiten Tag ab.
Warum fährst du schon, um Gottes willen? »Für mich
ist keiner dabei – das habe ich gleich gesehen. Da fahre
ich lieber wieder nach Hause.« Johanna hatte den Sinn
der Freizeit vollkommen missverstanden und sich dazu
entschieden, in ihrem Schneckenhaus alleine zu bleiben. Sie hatte ihre Hightech-Brille aufgesetzt und alle
Teilnehmer gescannt wie die Flughafensecurity. Liebe
Johanna, so lernst du nie jemanden kennen. Weil du
dich für die Menschen gar nicht interessierst, sondern
nur an dich denkst. Weil du dich nicht von den anderen
überraschen und berühren lässt. Weil du Freundschaft
und Austausch keinen Wert zuerkennst. Das ist strategisch ganz dumm – denn Freunde machen dein Leben
fröhlich, sie öffnen dein Herz, und über sie lernst du
andere kennen und so vielleicht dann auch den *einen*.
Aber dass sie dein Herz berühren könnten – das trau-
test du den anderen Teilnehmern nicht zu. Ohne sie
wirklich zu kennen. War es denn zu Hause so schön?
  Um jemanden kennenzulernen, müssen wir bereit
sein für *Freundschaft*. Nur so kann sich eine spätere
Partnerschaft entwickeln. Wenn du dich nicht für
Menschen interessierst, bei denen du kein romanti-
sches Interesse hast, überdenke bitte deine Prioritäten
im Leben.

Der Suchende wünscht sich einen Partner mit großer Intensität. Die Gefahr besteht, dass er sich hineinsteigert und seine Ausgeglichenheit verliert. Aus dem Sehnen und Hoffen darf kein »Klammern« werden! Sonst nimmt ein potenzieller Kandidat nämlich ganz schnell Reißaus. Wer seine innere Freiheit bewahrt, lässt sie auch dem anderen. Ein freier Mensch ist attraktiv, weil er liebesfähig ist – und weil die Liebe des freien Menschen ein Geschenk und keine Bedürfniserfüllung ist.

Je »älter« man wird – damit meine ich nicht alt und grauhaarig –, desto weniger peinlich ist es, wenn man zugibt, dass man gerne jemanden finden würde. Wer mit fünfunddreißig einen christlichen Ehepartner sucht und zu einem Event von christlichen Singles nicht hingeht, damit keiner erfährt, dass er auf der Suche ist, kann in Gelassenheit und Reife noch wachsen.

Je reifer man wird, desto weniger Angst hat man davor, dass der andere meinen könnte, man würde sich für ihn interessieren. Man wird pragmatischer. Die Welt ginge nicht mehr unter, wenn »er es wüsste …«

Mit wachsender Lebenserfahrung sieht man einen möglichen Partner mehr und mehr als Geschenk: Ein Geschenk kann man nicht verlangen. Und man könnte zur Not auch ohne leben.

Denen, die Gott lieben, gereicht alles zum Guten. Mehr brauchst du nicht. Gelassenheit, Entspanntheit sind attraktiv. Da will man mit dabei sein! Wenn du nicht »entspannt« bist, musst du noch daran arbeiten, dich selbst als geliebtes und umsorgtes Kind Gottes zu entdecken.

Viele Paare berichten, dass sie sich kennenlernten, als keiner von beiden es erwartete. Als keiner von beiden daran dachte. Wann denkt man nicht an eine potenzielle Beziehung, an eine Hoffnung in der Zukunft? Wenn man mit sich selbst, mit seinem Leben, seinen Aufgaben, seinen Freunden und Gott im Einklang und zufrieden ist. Mit einem Ehepartner plant man ja ein Leben lang zusammen zu bleiben: Daher ergreift jeder kluge Mensch vor notorischer Unzufriedenheit die Flucht.

Unzufriedenheit schreckt ab: Denn wer kann schon beweisen, dass diese Unzufriedenheit durch die Beziehung oder mit der Hochzeit plötzlich verschwindet und nicht wiederkehrt? Ein attraktiver Mensch ist mit seinem Leben zufrieden. Ihm fehlt im Grunde gar nichts.

Das heißt nicht, dass er nicht ständig an Verbesserungen arbeitet. Aber der attraktive Mensch hat sich mit der Wirklichkeit versöhnt. Er wartet nicht auf das Leben in Partnerschaft in der Zukunft, sondern lebt jetzt. Und zwar in einer so einladenden Weise, dass andere daran teilhaben möchten. Wenn du unzufrieden bist, verbessere deine Situation, bis du auch alleine zufrieden bist.

Der amerikanische Pädagoge Robert Havighurst nannte zur Erreichung der »Lebenszufriedenheit« die folgenden fünf Punkte:[15]

---

15 Aus einem Beitrag von Linda und Hans Jörg Krabe, »Ich halte das Singlesein nicht mehr länger aus«, auf www.lebenshilfe-net.ch.

- Das Ausmaß der Freude bei alltäglichen Beschäftigungen: Freue ich mich bei meinen täglichen Aufgaben? Wo erlebe ich eher Ärger und Gleichgültigkeit als Freude und Glück? Warum? Wie könnte ich dies ändern? Wo könnte ich mir Hilfe holen?
- Das Ausmaß, in dem das Leben als sinnvoll empfunden und entschlossen bejaht wird: Hier haben Christen durch ihren Glauben einen großen Vorsprung.
- Das Gefühl, die eigenen Ziele erreicht zu haben: Welche Ziele wollte ich denn erreichen? Was ist anders gekommen? Welche neuen Ziele will ich mir setzen?
- Das Ausmaß der positiven Einstellung zu sich selber: Was für ein Bild habe ich von mir? Bin ich mir selbst etwas wert? Liebe deinen Nächsten wie dich selbst.
- Die optimistische Einstellung und Stimmung: Sind die Jahre vor mir nur noch der »Rest« meines Lebens, oder erwarte ich neugierig, was sie mir bringen werden?

Zusammenfassung: Am ehesten lernt man jemanden kennen, wenn man es nicht krampfhaft erhofft, sondern mit sich selbst, Gott, seinem Leben und seinem Platz im Leben zufrieden ist. Dazu gehört, nicht andauernd an sich selbst zu denken. Und sich nicht allzu viele Sorgen zu machen. Am besten hat es Don Bosco gesagt: Fröhlich sein, Gutes tun und die Spatzen pfeifen lassen.

Attraktivität, die von innen kommt

Was macht einen Menschen von innen heraus attraktiv? Was verleiht eine Ausstrahlung, die auf andere anziehend wirkt? Ich habe diese Frage zum Test auf Facebook gepostet und war von den vielen guten Antworten überrascht. Danach ist attraktiv:

* wer einen Pol bildet, an dem der andere so richtig andocken kann;
* ein Mensch, der allein mit sich Zeit verbringen kann, und dies auch hin und wieder tut, und dennoch Geselligkeit genießen und sich anderen Menschen öffnen kann;
* wer eine eigene Meinung hat und diese auch vertreten kann, dabei das Zuhören nicht verlernt und andere Menschen mit einem »sanften Blick« anschauen kann;
* wer Zuverlässigkeit und Klarheit besitzt, ohne dabei die Kunst zu überraschen zu verlieren;
* wer die Bereitschaft und Offenheit hat, ein Leben lang zu lernen, Erfahrungen zu machen, sich zu entwickeln, bewusst ein »Werdender« zu sein, Sinn zu suchen;
* wer sich selbst gut kennt und trotz seiner Schwächen annehmen kann;
* wer ein gutes Gefühl für sich selber, auch für seinen Körper hat;
* wer sich geliebt weiß – »es ist gut, dass ich da bin« –, ohne dabei narzisstisch selbstverliebt zu sein, à la »ich bin der Allertollste«;
* wer nicht nur an sich selbst denkt.

Interessant, wie Attraktivität durch und durch als innere Qualität gesehen wird, die nach außen strahlt. Attraktivität heißt Anziehungskraft. Was findet ein Mensch anziehend? Um Attraktivität zu verstehen, ist es wichtig, »subjektive« (persönliche, nur die jeweilige Person betreffende) von »objektiver« (bei allen Menschen ähnlicher) Attraktivität zu unterscheiden.

Subjektive Anziehung

Subjektive Attraktivität, Anziehung aufgrund persönlicher Vorlieben und Interessen, hat mit der Definition von Freundschaft zu tun: Mit Freunden verbindet uns eine Gemeinsamkeit. Die gemeinsame Liebe zu den Bergen oder den Briefmarken zum Beispiel. Ein gemeinsames politisches Ziel oder gesellschaftliches Engagement. Eine ähnliche Vision oder Weise des Lebens. Ein Aussteiger findet Dreadlocks anziehend, ein Konservativer rosa Hemd und Steppjacke. Ein Naturliebhaber mag »dicke Wadeln«, ein Cocktailpartybesucher schlanke Stelzen. Ein Musikliebhaber lässt sich von einer Geigerin verzaubern, eine Physiotherapeutin von der aufrechten Haltung eines Mannes.

Subjektive Attraktivität unterscheidet sich auch dadurch von objektiver, dass das subjektiv Anziehende schnell »zu viel« wird, wenn es übers Maß hinausschießt. Briefmarken sind interessant – aber nur solange sie nicht das einzige Gesprächsthema sind.

Objektive Anziehung

Objektive Attraktivität ist die Anziehungskraft, die alle Menschen, egal welche Vorlieben sie haben, in ähnlicher Weise berührt, und von der es kein Zuviel gibt. Folgende Elemente machen diese objektive Attraktivität aus:

Wir sind attraktiv, wenn wir positiv denken!

Lassen wir Tilman Beller wieder zu Wort kommen: *»Ein Mensch ist attraktiv, wenn er ein positives Denken hat. Wenn er sieht, da ist etwas schön. Man kann eine Bluse richtig schön finden – oder man kann die gleiche Bluse ärgerlich betrachten, weil ein Fleck von Bratensoße darauf zu sehen ist. Es gibt Menschen, die überall die Bratensoßeflecken sehen. … Wenn ich also ein Mensch bin, … der hier und dort etwas Gutes sieht und es auch beim Namen nennt – dann bin ich attraktiv.«*[16]

Die meisten Dinge im Leben sind wie diese Bluse mit Fleck. Sie haben eine schöne Seite und eine weniger schöne Seite. Der Urlaub ist gelungen, aber teuer. Ein Freund organisiert ein schönes Essen zur Freude aller, aber er will auch seine teuren Möbel herzeigen.

Um attraktiv zu sein, bemühe man sich mit allen Kräften, nur das Gute zu sehen. In diesem Fall heißt das, allein den gemütlichen Abend wahrzunehmen und dafür dankbar zu sein und den eleganten Schnitt der Bluse anstatt des Flecks zu sehen. Durch die anfängliche Anstrengung ändern sich nach und nach

---

16 *Op. cit.*

Denken und Wahrnehmung. Man sieht schließlich nur mehr das Gute – und findet plötzlich an jeder Ecke eine Gelegenheit, sich zu freuen. Nur das Schöne zu bemerken ist vornehm und attraktiv, und es flößt Vertrauen ein: Dieser Mensch wird auch über mich nichts Schlechtes sagen!

Wir sind attraktiv, wenn unser Inneres zum Verweilen einlädt

Tilman Beller sagt: »*Ein Mensch ist attraktiv, wenn wir gerne in seiner Nähe sind. Wenn wir dort ausruhen können. Da geht es nicht darum, schön zu sein oder geistreich und witzig. Von solchen Dingen wird man nur im Augenblick angezogen. Wir Menschen sind so angelegt, dass wir in einem tieferen Sinn verweilen können. Es gibt Menschen, bei denen man verweilen kann. Möglicherweise sind sie gar nicht besonders schön oder witzig oder geistreich. Man spürt einfach, von ihnen geht ein Strom aus, in dem man es lange aushalten kann. Und wenn sie weg sind, dann hat man irgendwie Heimweh nach ihnen. Das hat nichts mit Gefühl zu tun. Das ist eine Erfahrung unserer ganzen Persönlichkeit. Das ist mit dem Erleben der Natur vergleichbar.*«[17]

Hier beschreibt Tilman Beller die Erfahrung der Reaktion auf einen Menschen – eine Erfahrung von Attraktivität. Er meint damit Menschen, die Raum geben können, an die man »andocken« kann. Einiges davon hat sicher mit Persönlichkeit und Zusammenpassen von Charakteren zu tun. Aber andere Aspekte hat

---

17 *Ibd.*

man selbst in der Hand. Wie weit ist man bereit, auf andere einzugehen und sich in sie hineinzudenken? Hat man Zeit, sich mit jemandem auseinanderzusetzen, wirklich zuzuhören und einfach mal »da« zu sein? Unsere schnelllebige Zeit drängt Menschen in Hamsterräder, die sie an der Entfaltung dieser Art der Attraktivität nur zu oft hindern.

Ich habe eine Freundin, die sehr gut erzählen kann. Sie erlebt ihr Leben aus dichterischer Perspektive und formuliert im Geist die kleinen Geschichten, die sie erlebt, für ein imaginäres Publikum. So elegant sie auch erzählen kann, ihr Talent kann zum Gesprächs-killer werden. Denn sie erzählt drauflos, ob es nun passt oder nicht. Sie nimmt die Bedürfnisse und Interessen ihrer Gesprächspartner nicht wahr, weil sie die lediglich als Stichwortgeber sieht. Egal wie gut aussehend sie ist: Um wirklich attraktiv zu sein, muss sie beginnen, anderen Platz zu geben.

Wir sind attraktiv, wenn wir Dinge besitzen, die eine Geschichte erzählen

Tilman Beller beschreibt einen weiteren Punkt: *»Wir sind attraktiv, wenn wir an unserer Umgebung etwas entdecken, das uns zum Verweilen einlädt. Wenn wir viele solche Dinge haben, bei denen wir ausruhen können. Und wenn wir einige Dinge haben in unserer Wohnung, in unserer Arbeit, in der Natur, die wir einfach mögen. Wir sind attraktiv, wenn wir irgendetwas haben, was uns besonders kostbar ist … wie eine Wohnung, die ich über lange Zeit hindurch sorgfältig mit vielen Dingen eingerichtet habe, die eine Geschichte erzählen können. Eine Geschichte von Menschen, die*

*sie uns geschenkt haben, oder von Dingen, die wir mit
ihnen erlebt haben.«*[18]

Ich glaube, Tilman Beller meint in diesen Zeilen,
dass es ausstrahlt und anziehend wirkt, wenn man das
Leben in seiner Gesamtheit bejaht, indem man seine
Liebe auf kleine Dinge und Erinnerungen ausdehnt.
Wenn man scheinbar Unwesentliches nicht zertritt,
sondern vom Boden aufhebt. Hinter den Dingen steht
ja immer etwas Größeres. Ein alter Teddybär kann für
jemanden die gesamte Kindheit bedeuten. Und ein
Gekritzel auf Pappe steht für sein geliebtes Patenkind.
Zwei solche Gegenstände in einer Wohnung zu entdecken heißt nicht, dass dieser Mensch sich nicht von
Gerümpel trennen kann. Im Gegenteil. Es heißt, dass
er für seine Kindheit dankbar ist und dass ihm die Erinnerung etwas bedeutet. Und dass er sich freut, wenn
er die alte Pappe ansieht, weil er »hinter« ihr ein Kin-
derlachen hören kann. So ein Mensch ist attraktiv.

✒ Wir sind attraktiv, wenn wir uns selbst mögen

Sich selbst zu mögen heißt, mit sich selbst im Frieden
zu sein. Mit der krummen Nase, mit den schiefen Zäh-
nen und mit den paar Kilos zu viel. Obwohl man vielleicht nicht gut Englisch kann und außerdem sofort
rot wird, wenn man jemanden nett findet. Man hätte
sich selbst anders gemacht, aber so hat einen der liebe
Gott eben geschaffen, und der weiß es ja schließlich
besser. Vielleicht schaffen wir es, über uns selbst zu
lächeln und dankbar zu werden.

---

18   *Ibd.*

Wer sich wohl fühlt in seiner Haut, wirkt darin auch gut.

Ich habe P. Beller einmal gefragt, ob denn ein Mensch attraktiver wäre, wenn er Christ ist? Seine Antwort, so klar wie die Sonne in Italien: »Nur wenn er sich selber mag!«

Wir sind attraktiv, wenn wir uns selbst in der Hand haben

Wer von seinen Gefühlen, Leidenschaften oder Ängsten gesteuert wird, wirkt nicht anziehend. Möchte man denn von so einem Strudel mitgerissen werden? Im Gegenteil! Man will bei einem Menschen sein, der sich »in der Hand« hat. So ein Mensch schreit nicht gleich los, wenn man ihm versehentlich auf die Zehen steigt. So ein Mensch kann ein Stück Kuchen teilen, auch wenn er selbst hungrig ist. Der Schlüssel zur Selbststeuerung – dass man sich also in der Hand hat – sind die Tugenden. Tugenden machen einen Menschen attraktiv. Man bekommt sie, indem man sie übt. Aber mehr dazu später.

Wir sind attraktiv, wenn wir wissen, dass wir uns selbst nicht ganz in der Hand haben

Eine missverstandene Form der Selbststeuerung ist der Wahn, alles in seinem Leben selbst bestimmen zu können. Da endet die Attraktivität, denn der Kontrollfreak und der von sich eingenommene Wunderwuzi wirken abstoßend. Ein bisschen cool bleiben, sich als Kind Gottes geborgen fühlen und sich selbst nicht zu ernst nehmen, während man sich seiner Verantwortung dennoch bewusst ist: Das ist die goldene Mitte.

Zivilcourage: eine ganz besondere,
meist männliche Attraktivität

Ein Highlight für uns Mädels darf hier nicht fehlen: die
Faszination, die männliche Zivilcourage auf uns ausübt. Dorothy Cummings[19] erzählt im Kapitel »Männer, die wir lieben« von ihrer Befangenheit gegenüber
Obdachlosen oder Betrunkenen. Da liegt einer auf der
Straße – was sollte sie als schmächtige Frau nun machen? Eines Tages war sie mit einem guten Freund
unterwegs: Mit vollkommener Selbstverständlichkeit
fragte er den umgekippten Bettler, ob er Hilfe brauche.
Der kurze Austausch war voll Respekt und Freundlichkeit, und Dorothy war unendlich stolz auf ihren
Begleiter.

In der berühmten Wiener Karlskirche wurde ich
einmal Zeugin einer ähnlich beispielhaften Szene: Die
Kirche war bis auf den letzten Platz mit andächtigen
Menschen gefüllt. Vom Ambo predigte der Priester.
Da kam ein betrunkener Obdachloser herein und
wankte durch den Mittelgang nach vorne. Niemand
hielt ihn auf. In der ersten Reihe saß ein ca. fünfzigjähriger Familienvater. Er stand auf und führte den Betrunkenen liebevoll, aber bestimmt am Ellbogen den
gesamten Mittelgang zurück nach hinten. Ich war begeistert: Er hatte durch seine respektvolle Art die
Würde des anderen aufgerichtet und die Situation gerettet.

---

19 Dorothy Cummings, op. cit., S. 73.

Meine Freundin Ludmilla erzählte mir vor kurzem von einem Stadtwirt. Ein Stiller ist er, sagte sie, aber ein ganz Starker. Weiß genau, was er will. Seine Frau ist, wie man bei uns in Wien sagt, ein »Redhaus«, plappert den ganzen Tag vor sich hin. Manchmal bremst er sie, aber meistens hört er zu. Seit Jahren kam täglich ein alter Herr zum Mittagessen. Saß immer am gleichen Platz. Dann ging es mit dem alten Herrn Schlag auf Schlag bergab – er hatte eine Krankheit im Kopf. Binnen weniger Wochen verlor er zeitweise die Kontrolle über sich. Er kam ins Restaurant und begann sich auszuziehen. Er stellte sich auf einen Stuhl und begann wirres Zeug zu reden. Der Wirt nahm ihn liebevoll an der Hand, setzte ihn vorsichtig hin. Er kniete sich auf den Boden, um ihm die Schuhe anzuziehen. Er holte zwei Freunde, und gemeinsam trugen sie den alten Mann nach Hause. Ludmilla war hingerissen.

Wahre Stärke zeigt sich in der Fähigkeit, seinen eigenen Dickschädel einer größeren Sache *unterzuordnen.* Der Starke ist nicht der, der empört andere über die eigenen Rechte belehrt: »Wat is dat denn, dat broch ick doch nüscht zu machen!«, oder: »Jetzt gehen Sie mal schnell weg von hier, das ist nämlich mein Grundstück!« So einer ist in Wirklichkeit schwach, weil er ein Niemand ist ohne »seine Rechte«. Der Starke ist der, dessen Herz weiter ist und der größeren, wichtigeren Dingen den Vorzug gibt. Der auch einmal mehr tut als seine vertraglich verankerte Pflicht – wenn nötig. Der sich nicht zu gut ist, beim Handanlegen schmutzig zu werden. Denn schmutzig werden macht ihm nichts, weil er sein Selbstbewusstsein nicht daraus ableitet, dass er nur »bessere Jobs« macht.

Dieser Gedanke lässt sich noch ein Stück weiterspinnen. Attraktiv ist es, wenn ein Mann sich *vor seinem Schöpfer beugen kann.* Dann ist er in meinen Augen doppelt stark. Einerseits ist er stark, weil er sein Leben im Griff hat. Und andererseits ist er stark, weil er an dieser Stärke nicht um jeden Preis festhalten muss, sondern sich Gott und der Kirche freiwillig unterordnen kann. Das ist doppelt stark – und sexy.

Das Gegenteil des doppelt starken, weil gottesfürchtigen Mannes ist Goethes *Prometheus.* Der Prometheus der griechischen Mythologie lehnt sich gegen Zeus auf. Zur Strafe lässt dieser ihn an einen Felsen ketten und jeden Tag von einem Adler besuchen, der sich an seiner Leber satt frisst. Diese wächst dem armen Prometheus aber sofort wieder nach, weil er ein Unsterblicher ist, und so leidet er viele Jahrhunderte lang, bis ihn Herkules befreit. Johann Wolfgang von Goethe legt Prometheus so einiges in den Mund, etwa wenn er den Göttern bestellen lässt: »Ich will nicht, sag es ihnen! Und kurz und gut, ich will nicht! Ihr Wille gegen meinen! Eins gegen eins, mich dünkt, es hebt sich!« Ja, er wirkt stark. Vermeintlich stark – denn es ist eine ermüdende Stärke, eine Stärke, die durch Zorn oder Ärger aufrechterhalten und ständig mit Energie versorgt werden muss. Sich in seinen Schöpfungsplan einzufügen macht einen Mann nicht unmännlich. Im Gegenteil. Es macht ihn zu einem ganzen Mann.

Äußerliche Attraktivität

Wenn wir an einen Schöpfergott glauben, glauben wir auch daran, dass er uns so gemacht hat, wie wir sind. »Er sah, dass es gut war!«, heißt es nicht nur einmal im ersten Schöpfungsbericht. Nun kann man aus sich etwas machen, egal, ob man perfekt oder nur fast perfekt zur Welt gekommen ist. Jeder kennt Menschen, die sich so vorteilhaft kleiden und herrichten, dass ihre Erscheinung Respekt und Bewunderung hervorruft. Diese Menschen sind erfolgreicher bei Jobinterviews und beim anderen Geschlecht. Interessanterweise sind das nicht unbedingt die Schönsten und Wohlgestaltetsten!

Lernen, was einen schön macht

Als ersten Schritt gilt es einen eigenen Stil zu finden. Stil sagt so einiges über Persönlichkeit, Einstellung und Herkunft aus. Man muss sich im Klaren sein, was man mit seiner Kleiderwahl signalisiert, und man muss sich damit wohlfühlen.

Bin ich ein elegant-extravaganter Typ? Oder eher der sportive Freizeittyp? Der zeitlose Businessorientierte? Oder passe ich mit meinem Outfit am besten in ein vornehmes englisches Landhaus? Oder bin ich vielleicht eine Art Hippie-Aussteigertyp? So oder so, Stilsicherheit wird meist als attraktiv empfunden – auch von denen, die diesen Stil nicht teilen.

Als Zweites wollen Farben überlegt sein. Dazu gibt es zum Beispiel die »vier Jahreszeiten« des Malers Jo-

hannes Itten, die jeweils eine Farbpalette symbolisie-
ren, die zum Hautton einer Person besonders gut
passt. Es ist faszinierend, wie das richtige Blau ein Gesicht plötzlich zum Strahlen bringt.

Ebenso sollte man den Formen von Ausschnitten
(rund, spitz, eckig, Rollkragen?) Beachtung schenken;
bei Frauen kommen der passende Schmuck und die
Schminke dazu.

Authentischer Stil in den richtigen Farben aus qua-
litativ hochwertigen Materialien, sauber und gepflegt:
Das ist ein guter Anfang!

Als nächsten Schritt sollte man sich die Grundregeln der gesellschaftlichen Etikette zu Herzen nehmen. Birkenstocksandalen sind gut für zu Hause, aber
nicht für die Öffentlichkeit! Kurze Hosen bei Männern gehören an den Strand und zum Sport, sonst nir-
gendwohin.

Wer sich unsicher ist, sollte mit Freunden darüber
sprechen, und wenn er niemand Kompetenten findet,
eine professionelle Beratung in Anspruch nehmen.

Manche Frauen versuchen die männliche Aufmerksamkeit durch freizügige Kleidung zu gewinnen. Andere verbergen ihre Attraktivität unter Unmengen unnötigen Stoffes. Wie viel ist zu viel? Wie wenig ist zu wenig? Hier ein paar einfache Grundregeln dazu:

- Lenke durch sexy Kleidung nicht von dir als Person ab, indem du die Aufmerksamkeit des Gegenübers auf rein Körperliches lenkst.
- Denke daran, dass du mit deiner Kleidung etwas signalisierst. Zu viel Haut wirkt billig. Deine Kleidung soll deine Persönlichkeit ausdrücken – und den Betrachter nicht auf eine falsche Fährte bringen.
- Durch *Verlockungen* findest du keinen Ehe-, sondern nur einen Sexpartner. Denk an die Königin und die Prostituierte meines Philosophieprofessors!
- Männer schätzen *Geheimnisvolles*, das es zu erobern gilt. Wer zu viel zeigt, wird uninteressant.
- *Rock- und Zopfträgerinnen* aufgepasst: Ihr wünscht euch einen gestandenen erfolgreichen Mann mit Wertefundament. Graue Röcke, die keusch die Zehen bedecken und schlackernde T-Shirts, die das Geschlecht des Trägers unkenntlich machen (Gott sei Dank gibt es dafür ja noch diesen Rock!), sind für Männer des genannten Beuteschemas nicht wirklich attraktiv. Denn mit dieser Kleidung signalisiert man übertriebene Moralvorstellungen, die übrigens im Christentum keinen Platz haben. Christentum hat mit Puritanismus nichts zu tun. Man signalisiert Weltfremdheit, vielleicht sogar Ablehnung alles Mondänen. Als Antwort auf das Signal, das man aussendet, findet man dann einen weltfremden Mann, der sich im Leben nicht zurechtfindet. Mein Eindruck von Rock- und Zopfträgerinnen ist, dass

manche stilbezogene Hilflosigkeit hinter vermeintlichen Moralvorstellungen versteckt wird. Aber warum sich das Leben schwermachen? Mit der Hilfe von ein paar Freundinnen klappt's bestimmt.

- Fazit: *Keine Angst vor schönen Dingen, Mädels!* Elegante Schuhe, moderne Röcke, taillierte Blusen, sich einfügender Schmuck und die Haare gut gestylt! Wir Frauen haben ja meist keine Vorstellung davon, wie sehr wir die Männer mit eleganten, pfiffigen Details vom Hocker reißen können. Schöne Damenschuhe faszinieren sogar schon kleine Buben! Ebenso ist ein gut geschnittener Rock ein Wink mit dem Liebeszaunpfahl. Nicht Haut betört den Mann mit Stil, sondern das Weibliche, das – ich benutze mal einen Ausdruck, der ein bisschen old-fashioned daherkommt – »Damenhafte«.

Worauf Männer achten müssen

Männer scheinen oft zu meinen, dass es nicht auf ihr Aussehen ankäme. Falsch! Frauen und Kollegen schließen von deinem Äußeren bewusst oder unbewusst auf deinen Charakter. Im Folgenden ein paar grundlegende Tipps, vielleicht ist ja einer für dich dabei:

- *Körperpflege* ist der Grundbaustein guten Auftretens. Es führt kein Weg an der täglichen Dusche, den gewaschenen Haaren und der sauberen Kleidung vorbei.
- *Achtung beim Haarwuchs:* Es gibt Männer, denen längere Haare, ein Bart oder ein Dreitagebart gut stehen. Aber normalerweise sehen gut geschnittene Haare und ein glattrasiertes Kinn besser aus.

- *Wer nicht wagt, gewinnt.* Bitte Vorsicht bei Experimenten mit extravaganten Stilmitteln! Das kann schon gutgehen – aber man sollte sich sicher sein.
- Im Zweifelsfall geht *schick vor bequem.* Männer tendieren im Gegensatz zu Frauen dazu, sich am liebsten für bequeme Kleidung zu entscheiden. Ein bisschen schicker täte vielen jedenfalls gut.
- Von vielen Frauen höre ich immer wieder, wie viel Wert sie auf gute Schuhe auch bei Männern legen. Moderne Schuhe, beziehungsweise Schuhe, die deinem Stil entsprechen, aus gutem Material und sauber geputzt, sind eine Art Visitenkarte. Ja, sie sind teuer … aber du brauchst ja nicht zwanzig Paare zu kaufen.
- Wenn du nie Komplimente für deine Kleidung bekommst, besprich dich mal mit einer gut gekleideten Verwandten oder Freundin. Vielleicht würde sie auch mal zum Einkaufen mitkommen?
- Ein Mann braucht nicht viel Kleidung. Ein paar Hosen, einige passende Oberteile, eine gute Jacke … und schon entkommst du weiteren Einkäufen auf absehbare Zeit. Nerven, Zeit und Geld brauchen nur ab und zu, gezielt, gut investiert zu werden.

Die unendliche Geschichte mit dem Übergewicht

Die Leserin, die essen kann, was sie will, und mit ihrer Figur zufrieden ist, lege dieses Buch kurz beiseite, um Gott zu danken! Die meisten sind das nicht und leiden ihr Leben lang darunter, sei es unter Fettpölsterchen oder Nahrungsentzug – oder abwechselnd beidem.

Einige Frauen meinen, sie wären dick, und sind es gar nicht. Das Bäuchlein, das sie in der Dusche bemerken, fällt gekleidet gar nicht auf. Für diese Frauen – und für die meisten – stimmt der Satz: Freu dich über deinen Körper heute – so jung und schlank bist du nie wieder.

Dann gibt es aber viele, die wirklich ein paar zerquetschte Kilos zu viel auf den Rippen und auch sonst wo haben. Ein bisschen abzunehmen würde ihnen den letzten Schliff verleihen und dazu beitragen, sich in ihrem Körper so richtig wohl zu fühlen. Nach meinem dritten Kind blieben mir zehn Kilo zu viel. Ich fühlte mich schrecklich unwohl in meiner Haut. Es stimmt, dass man als Dickerchen nicht nur nicht so elegant wirkt, wie man könnte, sondern dass man auch signalisiert, sich selbst nicht wirklich unter Kontrolle zu haben. Es kam der Tag, an dem auch meine weiteste Hose nicht mehr zugehen wollte. Neue Kleidung – zwei Nummern größer – kaufen? Nein, das hätte ich nicht übers Herz gebracht. Ich machte die erste Diät meines Lebens. Mit vierunddreißig Jahren. Und siehe da, im Handumdrehen war das Gewicht weg. Neue Kleider musste ich dennoch kaufen gehen, aber engere! Hey, das war ein Gefühl!

Als Fazit sage ich: Was sind ein paar Wochen Leiden im Vergleich zu immerwährender Unzufriedenheit? Der Leidensdruck muss aber groß genug sein, um eine Diät durchzuziehen und nachher nicht dem Jo-Jo-Effekt zum Opfer zu fallen. Das lockende Sahnetörtchen argumentiert gut … Aber wir Frauen haben doch einen starken Willen, oder? Wir werfen das gemeine Sahneteil besser aus dem Fenster. Oder an die Wand wie den Froschkönig. Wer weiß, welcher Prinz dann herausklettert.

Wenn Männer Frauen, die sie äußerlich nicht attraktiv finden, keine Chance geben

Tilman Beller schreibt dazu: *»Der Mensch ist eine Einheit von Leib und Seele, von Körper und Geist. In der Begegnung von Mann und Frau gibt es ursprünglich von der Natur gegebene Akzente. Auf einen Mann wirkt meist zuerst die körperliche Schönheit der Frau. Auf die Frau wirkt zuerst die geistige Schönheit und Attraktivität des Mannes, seine Fähigkeit zu reden, zu hören, in Wort und Gebärde zu wirken. Bleibt es dabei, werden beide unglücklich.«* [20]

Die Sache mit der Attraktivität hat also zwei Seiten: Der eigentliche Wert der besonders Attraktiven wird hintangestellt, wenn das andere Geschlecht nur ihren Körper sieht. Und weniger Attraktive werden im Gegensatz dazu gar nicht wahrgenommen. Beides tut weh!

Frauen laufen Gefahr, den gleichen Fehler bei Männern zu machen: aber nicht in Bezug auf Aussehen, sondern auf Status und Weltgewandtheit. Männer und Frauen sollten sich dieser Gefahr bewusst sein und durch persönliche Reife gegensteuern.

Ich glaube, dass die Lösung dieses Problems sowohl bei Frauen als auch bei Männern in der Fähigkeit zu echter *Freundschaft* liegt. Wenn man sich, in der Hoffnung, gute Freunde zu finden und menschlich zu wachsen, ohne *Scannerblick* und mit Offenheit und Interesse auf andere Menschen einlässt, dann haben auch ein weniger Erfolgreicher und eine weniger Attraktive eine gute Chance, mit ihrem *Wesen* zu berühren.

---

20 *Op. cit.*

In die Tiefe taucht man dann, wenn man Freundschaft sucht. Und dort – in der Tiefe – findet man bekanntlich auch die großen Fische.[21]

Tilman Beller resümiert: »*Eine Frau mit wenig äußerer Attraktivität wird nur einen Mann anziehen, der von vornherein ein Gespür für seelischen Reichtum hat. Sie wird in ihrer Art einen Mann anziehen, der ein Gespür für seelische Vorgänge hat, sei er nun ein stiller Typ oder eine beeindruckende, nach außen hin wirksame Persönlichkeit, der dann aber spürt, dass er eine Ergänzung braucht.*« Vielleicht ist es schwieriger, so einen zu finden. Aber wenn sie ihn findet, wird sie bestimmt glücklicher mit ihm als die Attraktivere mit dem Durchschnittlichen.

---

21 Lukas 5,4

Knigge im 21. Jahrhundert

Zur Attraktivität gehören auch die guten Umgangsformen. De facto handelt es sich dabei um historisch und kulturell gewachsene Konventionen. So à la »Bei uns macht man das so«. Ich verstehe, dass Jugendliche das vermeintlich einschränkende Regelwerk ablehnen und junge Erwachsene es nicht aus der Vergessenheit holen. So bekommen die guten Umgangsformen den Beigeschmack, nur für scheinbar elitäre Kreise relevant zu sein. Und sollte man in eine bestimmte Situation kommen – dann wird fieberhaft herumtelefoniert, um noch schnell zu lernen, wie man das oder jenes macht, wie man wen anredet, was man anzieht und so weiter.

Ich habe diese Regeln auch erst spät entdeckt. Ich habe mich ziemlich lange in Hippiekreisen bewegt – und da war Knigge nicht gerade angesagt. Irgendwann wurde mir klar: Das ist kein sinnloses Zeremoniell, hinter jeder Regel steckt ein guter Grund! Umgangsformen haben mit *Respekt* zu tun und sind dazu da, *das Zusammenleben zu vereinfachen* und es allen möglichst angenehm werden zu lassen. Es geht um Wertschätzung, Aufmerksamkeit, Ehrerbietung und Achtung. Diese Begriffe dürfen aber nicht mit Unterwürfigkeit verwechselt werden! Wer Respekt vor dem anderen hat, ist nicht unterwürfig, sondern achtet diesen in seiner ganzen Person. Achtung führt zu Anstand, Manieren oder Etiketten. Diese Verhaltensweisen sind nicht frei erfunden, sondern entspringen der Logik der eigenen Traditionen und der kulturellen Identität. Durch Benimmregeln wird die menschliche

Interaktion reibungsloser und das Miteinander angenehmer. Punkt.

Zum Beispiel: Die Serviette kommt während des Essens auf den Schoß, damit man sich nicht beschmutzt. Wenn man sich den Mund abtupft, faltet man sie so, dass man die Essensreste nicht sehen kann; so wird niemand unangenehm berührt. Wenn man fertig ist, faltet man die Serviette wieder so zusammen, dass der Schmutz unsichtbar ist, und legt sie neben den Teller. Das sieht sauber aus und kann leicht abserviert werden. Alles logisch.

Wenn sich zwei Menschen treffen, grüßt immer zuerst der in der jeweiligen Situation »Rangniedrigere«. Das könnte der Jüngere der beiden sein, bei Mann und Frau der Mann oder in einer beruflichen Beziehung der in der Hierarchie weiter unten Stehende. Die Entscheidung, ob Hände geschüttelt werden, obliegt dann dem »Höhergestellten«. Er kann auf den Gruß hin dem anderen die Hand hinstrecken oder auch nicht. Auch eigentlich logisch, Grundregeln der Höflichkeit, die das Zusammenleben angenehm und unkompliziert werden lassen.

Auch Bekleidungskonventionen drücken Respekt aus. Wenn ein Mann in Jeans und T-Shirt zu einer Taufe erscheint, könnte man meinen, dass er den Anlass entweder nicht versteht oder ihn vielleicht sogar ablehnt. Wer schön und aufwendig gekleidet zu einer Hochzeit kommt, zeigt, dass ihm die Sache wichtig ist und dass er meint, sie müsse ordentlich gefeiert werden. Ich glaube, dass heute auch viele verlernt haben, die Besonderheit des Sonntags durch Kleidung auszudrücken. Das ist schade – denn dadurch entsteht ein Einheitsbrei, der das Leben langweilig macht. Auf den Tagungen und Kongressen, die ich organisiere, habe ich schon erlebt, dass Männer zum Gespräch mit einem Bischof am Sonntag in kurzen Hosen und mit Birkenstock kamen. Aus Unwissenheit zwar, aber attraktiv ist das nicht.

Eine Frage für sich bleiben Umgangsformen zwischen Männern und Frauen. Frauen die Tür öffnen? Viele Männer haben Angst davor, dass Frauen meinen könnten, sie würden ihnen diese Dinge selbst nicht *zutrauen*. Aber das ist doch Unsinn! Eine Frau, die nicht selbst in den Mantel kommt? Oder die Tür nicht selbst öffnen kann? Die nicht alleine nach Hause fahren kann? Sich von männlichem Zuvorkommen bevormundet zu fühlen zeugt von einer Art feministischer Paranoia. Im Gegenteil: Wenn Männer Frauen wie Damen behandeln, geben sie ihnen das Gefühl, Damen zu sein. Und jede Frau ist gerne eine Dame.

Wie wird man *Kniggerianer*? Ein guter Anfang ist es, mal ein Buch darüber zu lesen, vielleicht auch ein Seminar zu belegen. Aber vor allem sollte man bereit sein, von Fall zu Fall dazuzulernen. Viel beobachten und die richtigen Leute fragen! Ich bin überzeugt davon, dass gute Manieren ein großes Plus im Leben und in der Partnersuche sind.

Geschlechterunterschiede und Eroberungsverhalten

Mein Söhnchen ist nun drei Jahre alt. Er hat zwei Schwestern. Manchmal sehen wir uns gemeinsam Kunstkataloge an, den Kindern gefallen die Motive. Eines Tages stoßen wir auf ein Gemälde, in dem ein nackter Mann von einem Hai gefressen wird. Es ist schauerlich, und Nikodemus ist begeistert. Fortan muss jeder arme Besucher unseres Hauses das Bild bewundern. Jedes Mal, wenn der 90 Zentimeter kleine Kerl in freudiger Erwartung den besagten Kunstband holen geht, läuft die vierjährige Sophie weinend in die am weitesten entfernte Ecke unserer Wohnung und hält sich die Ohren zu. Sie will auf keinen Fall etwas von hungrigen Haifischen hören.

Wenn mein Signal ertönt: »Zieht euch an, Kinder, wir machen einen Ausflug!«, höre ich von beiden in ähnlich erwartungsvoller Haltung etwas vollkommen Unterschiedliches. Von Sophie hört man: »Wohin? Einkaufen?« Und von Niko voll Hoffnung und vor Aufregung flüsternd: »Ist es gefährlich?«

Um ihre Liebe zu zeigen, schlingt Sophie ihre Ärmchen um mich und flüstert: »Ich hab dich lieb, Mami.« Niko macht das anders. Er erklärt feierlich: »Morgen, Mami, werde ich für dich ein Hendl (österr. für Huhn) einfangen! Ich werde es töten und ihm die Federn ausrupfen. Dann kannst du es für uns kochen.« Nein, wir haben keinen Bauernhof. Wir leben mitten in Wien. Hühner kommen bei uns nur in gerupfter und zerlegter Form vor, und meist tiefgekühlt.

Es gibt viele gute Bücher über die Unterschiede

zwischen Männern und Frauen, und welche Auswirkung sie auf unser soziales Verhalten von Kennenlernen bis Beziehung haben. Viele wichtige Dinge dazu sollten in berufeneren Werken unbedingt nachgelesen werden. Von mir dazu nur so viel: Die Unterschiede zwischen Mann und Frau sind *echt* und nicht vom Tisch zu wischen, ob man das nun gut findet oder schlecht. Sie sind bei Kleinkindern ebenso feststellbar wie bei Jugendlichen und Erwachsenen. Für das Kennenlernen des zukünftigen Ehepartners sollte man zumindest auf Folgendes achten:

Frauen beeindruckt echte Männlichkeit

Männer, habt keine Angst, eurer Herzensdame zu zeigen, dass sie euch fasziniert! Dass ihr bereit seid, sie zu beschützen. Dass niemand sie in eurer Nähe dumm anreden darf! Habt keine Angst zu zeigen, dass ihr vom »Geheimnis Frau« berührt seid und ihr diesem rätselhaften, bezaubernden Wesen ritterlich dienen möchtet! Habt keine Angst, diese Dienstbereitschaft durch galantes Verhalten und Höflichkeit auszudrücken!

Vor vielen Jahren hatte es mir ein Philipp angetan. Kurz vor dem erhofften klärenden Gespräch über unseren Beziehungsstatus musste er für zwei Wochen nach Jordanien. Da saß ich missmutig in einem Kaffeehaus und überlegte, wie ich diese zwei Wochen überstehen sollte. Ich tat es, während ich mein Handy anstarrte und auf eine SMS hoffte. Um mich besser zu fühlen, erzählte ich die ganze Geschichte dem Barkeeper. »Wenn ein Mann dich wirklich liebt«, sagte er, »wird er alles tun, um bei dir zu sein. Sorge dich also

nicht.« Dieser Satz begleitete mich gut durch meine
»Dating-Jahre«. Er stimmt fast immer – nur in diesen
seltenen Fällen nicht, in denen ein Mann in seiner
Männlichkeit sehr unsicher und deshalb vollkommen
passiv ist. Aber so ein Mann muss sich mit sich selbst
noch auseinandersetzen, bevor er für eine Partnerschaft bereit ist. Ach ja, Philipp hat eine SMS geschickt,
und noch ein paar andere. Lange waren wir nicht zusammen, es passte nicht … aber das ist eine andere Geschichte.

Männer beeindruckt echte Weiblichkeit

Es ist nicht unmoralisch oder unehrlich, wenn eine
Frau den Mann, mit dem sie es sich vorstellen kann, in
Maßen zu betören und ihn um den Finger zu wickeln
versucht – solange sie ihm keine falschen Verspre-
chungen signalisiert. Männer lieben das Feminine …
sie lieben Damenschuhe, die meisten finden lange
Haare, Röcke, Make-up und lackierte Fingernägel anziehend. Sie lieben das Feminine in seiner ursprüngli-
chen, authentischen Form. Affektiertes Getue, übertriebene Aufmache und kindisches Gekicher mögen
sie nicht. Die meisten Männer finden es wichtig, dass
eine Frau auch mal Malerhosen anziehen kann und
kein Theater macht, wenn ihre Hände schmutzig werden.
Männer lieben an der Weiblichkeit auch das Für-
sorgliche, es sei denn, man hieße Ödipussi. Dass da
jemand an ihn denkt und an seine möglichen Bedürfnisse. Dass sich jemand nach seinem Befinden erkun-
digt und überlegt, über was er sich freuen könnte.
Und dass ihm jemand sein Leibgericht kocht. Liebe-

volle, umsichtige, mitdenkende Sorge – dort fühlt sich ein Mann zu Hause. Doch Vorsicht – es gibt auch Männer, die ein Mama-Trauma haben. Die törnt es total ab, wenn sie das Gefühl haben, jemand bemuttert sie.

Frauen möchten sich auf Männer hundertprozentig verlassen können

Eine Frau sucht einen Mann, der den Kahn lenken kann, falls sie mal ausfällt. Einen Mann, auf den sie sich so verlassen kann, dass sie in Ruhe Kinder bekommen und aufziehen kann. Einen initiativen Mann also, mit Verantwortungsgefühl, der sie spüren lässt, dass er zweimal um die Erde laufen würde, um das letzte Hippglas für ihr Baby zu finden.

Eine Frau sucht einen Mann, den sie bewundern kann und zu dem sie in gewisser Weise »aufsehen« kann. Das muss nicht unbedingt mit dem Beruf des Mannes zu tun haben. Das Quentchen Bewunderung kann sich auch auf seine Güte, seine Begeisterungsfähigkeit beziehen. Oder auf seine Liebe zu Gott und seine Stärke, wenn es darum geht, sich an bestimmten Tugenden zu orientieren. Meine Herren, wenn ihr eine Frau sucht, dann zeigt, wie verlässlich und erfinderisch ihr seid!

Männer möchten Frauen erobern

Das Gefühl der Eroberung befriedigt einen Mann. Eroberung ist Erfolg. Das klingt steinzeitlich, ich weiß. Aber es scheint immer noch aktuell zu sein. Es ist sozusagen wesensmäßig verankert. Unsere Ellbogen-gesellschaft gibt manchen Männern das Gefühl, nicht stark genug zu sein. Es fehlt ihnen an Gelassenheit und kindlicher Unbefangenheit, um »auf die Jagd« zu gehen. Sie stehen unter Druck, sind überfordert, haben Angst vor Zurückweisung und verlieren ihre Souveränität. Wer weiß, vielleicht ist das mit ein Grund dafür, dass es mehr Singles gibt denn je. Männer, seid einfach ihr selbst, traut euch was zu, werdet souverän. Wir Frauen finden das sexy!

Frauen unterstützen die männliche Eroberung durch »Köder« und Ermutigung

Wenn Männer durch Passivität glänzen, wird es für Frauen besonders schwierig. Beruflich und kulturell vorne dabei, in vielen Dingen den Ton angebend, sollen wir in dieser wichtigen Angelegenheit nun die Hände in den Schoß legen? Für mich war das immer fast unmöglich. Munter drauflos! Ich warf Konventionen über Bord und begab mich tollkühn auf Beute-zug. Heute muss ich sagen: Es ging nie so richtig gut. Ich fühlte mich dabei immer irgendwie künstlich und unentspannt.

Ein paar Wochen lang war meine Freundin Lisa mit einem jungen Sänger zusammen. In einer großen Gruppe von jungen Leuten verbrachten sie gemeinsam den Sommer. Sie war in ihrem Element und irgendwie der soziale Mittelpunkt der Truppe. Er mit seiner Gitarre neben ihr, Haut an Haut, prickelnd. Sie war ganz sicher, dass er sich in sie verliebt hatte. Als *sie* eines Abends seine Hand nahm ... da war er überrascht! »Aber gut«, meinte er, »probieren wir es! Bei einer Frau wie dir sage ich nicht nein.« Na, das war kein guter Anfang. Heute ist ihr die ganze Sache peinlich.

Ladys, egal wie erfolgreich ihr sonst wo seid, überlasst den Männern den Zeitpunkt und die Schritte der Eroberung! Die Kunst des Auf-sich-aufmerksam-Machens und des Ermutigens beherrschen wir sowieso. Mehr als früher hat das heute auch damit zu tun, dass wir Männern die Angst vor der Zurückweisung und dem Scheitern nehmen. Einem Mann muss man das Gefühl geben: »Bei dieser Frau bin ich jemand!« Denn ein Mann verliebt sich in eine Frau, der *er* etwas geben kann.

Männer können Frauen für sich gewinnen

Wenn wir schon beim Steinzeitlichen sind: Es kommt noch schlimmer. In einem amerikanischen Dating-Guide habe ich eine These wiedergefunden, die ich schon lange mit mir herumtrage. Ein Mann kann eine Frau, die ihn prinzipiell sympathisch findet, in so manchen Fällen durch besonderes Bemühen für sich gewinnen. Einem nach ihnen schmachtenden Mann können Frauen oft nicht widerstehen. Wir finden es zu berührend, um nicht dadurch erweicht zu werden.

Umgekehrt ist das viel seltener! Also, meine Herren, nur Mut! Wer wagt, gewinnt! Und mal ehrlich: Mutig versucht und ehrenvoll gescheitert ist doch besser, als von einem Hai gefressen zu werden, oder?

Nach einer Theatervorstellung gingen mein Mann und ich noch auf ein Glas Wein in ein Lokal. Dort fand gerade die CD-Präsentation einer Band statt, für die beim Eingang Ansteckplaketten verteilt wurden.

Frauen bekamen eine mit der Aufschrift »Wunderschönes Mädchen«, Männer eine mit »Donnersohn«. Ich fand das sehr schön, denn irgendwie hatten sie damit die Urstimmungen der Geschlechter eingefangen.

Im Zweifelsfalle orientiere man sich also (steinzeitlich, aber siegessicher) an dieser Zusammenfassung der Thematik: *Wunderschönes Mädchen, berühre! Donnersohn, gestalte!*

Achtung beim ersten Date!

Du hast jemanden kennengelernt? Herzlichen Glückwunsch! Nun ist es aber wichtig, nicht zu viel falsch zu machen.

Ein häufiger Fehler ist die Meinung, dass man in der Kennenlern-Phase genauso sein soll, wie man ist, damit der andere sich gleich ein *objektives Bild* machen kann. Achtung! Das ist gefährlich! Natürlich darf man nicht Theater spielen. So sollte man zum Beispiel kein von der Großmutter gekochtes Menü als das eigene ausgeben oder die Yacht seines Chefs als Zweitboot im Mittelmeer. Aber man muss sich unbedingt von seiner besten Seite zeigen! Das ist kein Verstellen – denn die beste Seite ist ein echter Teil von uns, auch wenn wir sie manchmal ein bisschen vernachlässigen.

Jedes Treffen will also gut überlegt sein:

Fühle dich in deinem Körper wohl. Für manche könnte das heißen, am Abend vorher weniger zu essen und sich dadurch schlanker zu fühlen. Andere möchten sich vielleicht etwas Hübsches zum Anziehen kaufen. Investiere Zeit in dein Aussehen! Damit siehst du nicht nur gut aus, sondern du kommst auch gut an, weil du dich gut *fühlst.* Und du zeigst, dass du dich schön herrichten kannst, und dein Leben unter Kontrolle hast.

Komme in guter Stimmung. Nicht abgehetzt oder mit den Gedanken bei den dringenden Dingen aus deiner Arbeit. Vielleicht könntest du vorher noch etwas Unangenehmes erledigen, da fühlt man sich meistens anschließend besser. Man spricht ja auch von *aufge-räumter* Stimmung. Wenn dein Beruf emotional intensiv ist – spanne vor dem Date ein bisschen aus.

Trefft euch an netten Orten mit guter Atmosphäre. Die Stimmung um euch herum steckt an. Unnötiger Lärm strengt an, wenn man reden will. Ein gemeinsames Erlebnis bietet Gesprächsstoff. Überlegt genau, was ihr machen wollt und wo. Ein Abend mit mehreren oder zu zweit? Gesprächsatmosphäre oder der gemeinsame Besuch eines Events?

Die ersten Treffen sollten nicht im privaten Bereich stattfinden. Man kennt sich meist noch nicht gut und sollte kein Risiko eingehen. Die eigenen vier Wände sagen sehr viel über einen aus – am Anfang wäre es vielleicht sogar eine Überforderung. Wenn man in der Beziehung ein bisschen weiter ist, wird die Vorstellung der eigenen Wohnung ein schönes gemeinsames Erlebnis.

Meist bietet ein Date Zeit, miteinander zu reden. *Dieses Gespräch sollte vorher überlegt werden.* Was möchtest du preisgeben, was noch nicht? Es ist gut, sich zu öffnen … aber nicht jeder Abgrund muss mit Neonröhren ausgeleuchtet werden. Der andere soll ja auch nicht überfordert werden.

Frauen müssen sich vielleicht daran erinnern, dass sie nicht zu viel reden. Wenn wir aufgeregt sind, reden wir ja mehr und schneller!

Keinesfalls ist es gut, auf einem ersten Treffen von früheren Beziehungen zu sprechen. Das verunsichert und lässt die eigene potenzielle Beziehung als ebenso vorübergehendes Phänomen erscheinen.

Es ist gut, sich vorab ein paar Gesprächsthemen zu überlegen, bei denen beide mitreden können und die die gemeinsame Zeit nicht mit unnötig schwierigen Fragen belasten.

Die Dame nach Hause bringen? Im Prinzip ja. Sie in der Nacht alleine mit der U-Bahn fahren zu lassen ist jedenfalls nicht sehr höflich. Absolute Perfektion: Wenn du sie mit dem Auto nach Hause bringst, warte mit dem Wegfahren, bis sie die Haustür hinter sich geschlossen hat.

Die Dame einladen? Finde ich gut! Aber heutzutage kann auch sie mal darauf bestehen zu bezahlen. Getrennt zahlen ist Geschmackssache … es könnte das Gefühl auslösen, dass keinem das Beisammensein mehr wert war, als was die Rechnung ausmacht.

Die Türen für die Dame öffnen, ihr den Mantel abnehmen und ihr anschließend wieder in den Mantel hineinhelfen? Unbedingt! Feinschliff: Vor der Dame ins Restaurant hineingehen, ansonsten ihr den Vortritt lassen.

Wer ruft wen an für ein weiteres Treffen? Am allerersten Anfang des Kennenlernens meine ich, dass es besser ist, wenn der Mann initiativ werden darf. Er erobert, sie ermutigt. Wenn er sich lange nicht meldet, heißt das durchhalten. Ja, das ist schwierig. Aber durchhalten bedeutet, seine Gründe, seinen Zeitplan und sein Gestalten zu respektieren. Von einer Frau sollten am Anfang – solange man noch keine Beziehung eingegangen ist – wenig *eindeutige* Einladungen kommen. Stattdessen sollte sie für ihn erreichbar sein, zügig antworten und im Gespräch Offenheit für weiteres Zusammensein signalisieren.

Ich verehrte einmal einen unerreichbaren Politiker, den ich beruflich sehr schätzte. Es gab zwischen uns freundlichen Austausch; dennoch ging es immer sehr sachlich zu. Eines Tages waren wir beide auf derselben Konferenz. Am Nachmittag gab es eine Stunde Pause. Er kam durch den Saal zu mir und fragte: »Machen wir einen Spaziergang?« Ich fiel fast vom Stuhl. Die einzige, noch nie da gewesene, nie wiederkehrende Chance! Eine *gaaanze* Stunde! Ich hätte höflich neben ihm hergehen und auf seine Fragen und Gedanken antworten sollen. Stattdessen meinte ich, ihm in dieser einzigartigen, unwiederbringlichen, vom Rest der Welt beneideten Stunde alles, was ich ihm immer schon sagen und erzählen wollte, in Höchstgeschwindigkeit auf ihn abzufeuern. Luftholen wäre eine Zeitverschwendung gewesen! Der Ärmste! Und für meine Galerie der Peinlichkeiten wieder mal ein Highlight. Du wirst es besser machen!

Kapitel 3
Die Zeit als Single
gut nützen

In einem Wiener Kaffeehaus traf ich mich einmal mit meiner Freundin Anne, die nach vielen Jahren als Single endlich jemanden gefunden … und nach ein paar Monaten wieder verloren hatte. Nun stand der vierzigste Geburtstag vor der Tür. Missmutig rührte Anne in ihrem Kakao. »Was, wenn ich niemanden mehr finde? Dann wäre mein Leben umsonst gewesen. Wozu das alles?«

Liebe Anne, meinst du wirklich, ein Leben ohne Mann wäre »umsonst«, sinnlos, vertan gewesen? Was erwartest du von einem Mann? Was erwartest du *nicht* vom Leben, weil du *alles* von einem Mann erwartest? Wenn du einmal verheiratet bist, wirst du sehen, dass dein Gemütszustand gar nicht so viel anders ist als vorher. Glück und Zufriedenheit musst du schon *vor* der Beziehung gefunden haben, sonst ziehst du Mann und Familie mit deiner unabwendbaren Unzufriedenheit mit hinunter. Also, Anne, lies doch bitte diese nächsten Seiten sehr genau.

Dem Leben neckisch
ins Gesicht sehen

Als Single lebst du ein ganz normales Leben. Du hast deine Ausbildung oder deinen Beruf. Es gibt Pflichten, die dir leichtfallen, die du besonders gut erfüllst. Es gibt Pflichten, die du weniger gern erfüllst, da musst du dich jeden Tag selbst am Schopf packen. Und es gibt Schönes, auf das du dich freust. Vielleicht gibt es davon nicht genug?

Es gibt Freunde und Verwandte, die dich sehen möchten. Und außerdem ein paar Menschen, die deine Hilfe brauchen.

Für dich, wie für die meisten, dreht sich das Rad der Zeit ziemlich schnell, und für gemütliche Stunden bleibt wenig Zeit.

Bist du zufrieden mit diesem Leben – wenn du mal vom Wunsch nach einem Partner absiehst? Gibt es etwas, was dich jeden Tag ärgert und dir die Ruhe raubt? Dreht sich alles viel zu schnell, und du kommst nicht zum Luftholen? Oder geht dir alles zu langsam, und eigentlich möchtest du mehr Action?

Überlege dir mal, ob du etwas an deinem derzeitigen Leben verbessern kannst. Ein englisches Sprichwort sagt: Wenn du dein Leben verändern willst, dann ändere eine einzige Sache.

Ich bin sicher, dass es da Spielraum gibt. Mach dir doch eine Liste! Hast du Zeit für Dinge, die dir wichtig sind? Eine Faustregel sagt: Alles, was dir wichtig ist, soll mindestens einmal pro Woche in deinem Leben vorkommen.

Was steht nun auf deiner Liste? Geh der Sache auf

den Grund und mache Nägel mit Köpfen, wenn es Änderungen braucht: [22]

Was machst du gerne? Investiere mehr Zeit, in was immer du gerne machst! Damit sage ich Internetjunkies nicht, dass sie sich auch noch im Morgengrauen im WWW tummeln sollen. Es geht um echte Hobbys und Interessen, nicht um Abhängigkeiten.

Was ist gut für deine Seele? In deinem Zeitplan ist es wichtig, nicht die seelischen Wohlfühlbäder zu vergessen! Gute Gespräche, gute Literatur und stille Zeit mit Gott halten die Innenräume sauber, machen sie wohnlich! Du bist dann gerne bei dir zu Hause und musst dir nicht sagen: Bin in mich gegangen. War auch nichts los.

Denk an deinen Körper! Würde er sich vielleicht über mehr Bewegung oder frische Luft freuen? Eine gesunde Seele in einem gesunden Körper – das macht attraktiv.

Gehst du oft genug aus? Begibst du dich unter Leute, so dass du genug persönliche Ansprache hast und vielleicht jemanden kennenlernst? Plane regelmäßige Outings ein!

Es gibt immer Spielraum zur Gestaltung. Wenn du unzufrieden bist, ist es nicht das Fehlen eines Partners, sondern deine schlechte Planung. Du bist der Protagonist deines Lebens, nimm es also in die Hand. Und lass deine Single-Zeit dir selbst und anderen zum Segen werden.

---

22 Vgl. Dorothy Cummings, op. cit., Seiten 10 ff., 21 und 137 ff.

Ich habe meine Samstage als Single meist in einem Lehnstuhl verbracht. Neben mir hatte ich jede Menge Bücher aufgestapelt, so dass ich meine überdimensionale Teetasse angenehm darauf abstellen konnte. Dort habe ich dann gelesen und gelesen und gelesen – und es war einfach wunderbar. Der Lehnstuhl steht jetzt in meinem Wohnzimmer. Aber gelesen habe ich darin seit Jahren nicht mehr. Die Kinder verwenden das arme alte Ding als Hüpfburg.

Der österreichischen Schriftstellerin Karin Leiter wurde eines Tages von den Ärzten eine bedrückende Diagnose gestellt: Sie habe nur mehr wenige Wochen zu leben – Krebs! Am Sterbebett schrieb sie diesen Text:[23]

Wenn ich noch einmal leben könnte,

… würde ich langsamer gehen, nicht rennen, und mir alles auf dem Weg genauer anschauen.
Ich würde ruhig warten, bis eine Knospe sich öffnet zur vollen Blüte.
Ich würde keinen Regenschirm mehr mitnehmen, keinen Proviant, keine Stiefel und kein Aspirin.

Ich würde nicht mehr auswendig, sondern nur noch inwendig lernen.
Ich würde Befehle und Verordnungen doppelt prüfen und meinen Empfindungen gehorchen.

Wenn ich noch einmal leben könnte, würde ich mehr von der Welt anschauen und mehr Menschen umarmen.

---

23 Karin E. Leiter, Die Lachfalten Gottes, Fröhliches Christsein, Tyrolia Verlag

Ich würde den Augenblick auskosten und nicht einer »guten alten Zeit« nachtrauern oder die nächsten 10 Jahre heute schon verplanen.

Ich würde das Risiko eingehen, ein kindliches Vertrauen zu bewahren.
Ich würde mich weniger schämen und alles aufs Spiel setzen.

Wenn ich noch einmal leben könnte, würde ich im Frühling früher und im Herbst länger barfuß gehen.

Ich würde öfter schreien und Friedhofsmauern bunt bemalen.
Ich würde öfter streiten und öfter versöhnen, mich weniger entschuldigen und klarer meinen Standpunkt vertreten.

Wenn ich noch einmal leben könnte, würde ich viel unverschämter aus dem Rahmen fallen und lauter auf die Pauke hau'n.

Ich würde mich von Gottes Charme ganz hinreißen lassen und mich in seine Lachfalten vertiefen.

Wenn ich noch einmal leben könnte – ich lebe jetzt – also:
Wo ist die nächste Friedhofsmauer?

Karin Leiter hat den Ärzten ein Schnippchen geschlagen – sie ist nicht gestorben. Ihr Text soll eine Antwort für Anne sein und all diejenigen, die ihr Leben ohne Ehepartner als sinnlos erleben. Jedem Tag dürfen wir neckisch ins Gesicht lachen und Gott danken, dass Er ihn und uns so gestaltet hat, wie *Er* es für gut befunden hat. Und dann gestalten wir unsere Tage so, wie *wir es für gut befinden.*

Dazu im Folgenden ein paar Tipps.

Jeder Mensch braucht Rituale

Für jeden Menschen, aber besonders für den Menschen, der alleine lebt, ist es wichtig, nicht jeden Tag neu erfinden zu müssen. Dafür ist Struktur notwendig. Das Leben des Menschen ist ohne Struktur und ohne »Rituale« nicht vorstellbar. Der Ablauf am Morgen – Aufstehen, Waschen, Anziehen, Frühstücken – ist ein Ritual. Ebenso die täglichen Abläufe des Abends nach dem Heimkommen von der Arbeit. Rituale sind so alt wie die Menschheit. Sie betten unsere Prioritäten ein. Rituale lassen uns Feiertage von Arbeitstagen unterscheiden.

Was sind deine Rituale? Geben sie dir Geborgenheit – oder engen sie dich ein? Rituale sollen eine *Hilfe* sein: Ändere sie also so, dass du sie als *wohltuend* erlebst. Rituale sind wichtig. Aber in ihnen lauert auch eine Gefahr: Es gibt Singles, die Hunderte von Ritualen haben. Alles muss eine bestimmte Ordnung haben … Und je älter diese Singles werden, desto wichtiger werden ihnen die Rituale. Achtung, hier haben sich die Rituale zusammengetan, um jeden potenziellen Ehepartner zu verscheuchen. »Du nicht – nein –, du würdest *uns* in die Quere kommen!«, zischen sie dem zu, der ernste Absichten hat. Vorsicht also vor unnötiger Anhänglichkeit an die Weise, »wie man die Dinge eben immer macht«! Es geht nämlich auch anders!

Wer zu wenige Rituale hat, muss das Rad immer wieder neu erfinden. Dabei macht er sich unnötig Stress – und ist manchmal auch zu spät dran. Jeden Samstagmorgen stellt sich so jemand leicht überrascht die Frage: »Was mache ich nun mit diesem Wochenende? Wer könnte Zeit für mich haben?« Mit etwas mehr Struktur wäre dieser Single gut beraten. Der Samstag könnte zum Beispiel so aussehen: Am Vormittag kommt alles dran, was für die Wohnung wichtig ist: aufräumen, putzen, einkaufen gehen, vorkochen, Glühbirnen auswechseln, ein neues Bild aufhängen. Der Samstagmittag gehört der Körperpflege und dem Sport: drei Runden im Park joggen, dann eine Gesichtsmaske. Anschließend gibt es immer eine Unternehmung mit Freunden. Kegeln? Kino? Kartenspielen? Als Single ist es besonders wichtig, diese Runden schon früh genug zu planen, nämlich dann, wenn die meisten noch nichts anderes vorhaben. Am Samstagvormittag kann es nämlich sein, dass keiner mehr Zeit hat.

Alltagstipps für Singles

Gib deinem Alltag Struktur. Gestalte deine Tage, und lass dich nicht treiben. Bau dir Rituale auf, alleine und mit anderen. Von meinem 15. Geburtstag bis zu meinem Dreißiger feierte ich Silvester immer mit den gleichen alten Freunden. Egal, wohin es mich beruflich verschlagen hatte: Für die Silvesterfeier war ich in den österreichischen Bergen. Wir gestalteten den Ablauf der Feier jedes Jahr genau gleich: Unsere Anhänglichkeit an »die Tradition« wurde zum Running Gag. Es war jedes Mal ein wunderbares Fest.

Nach und nach heirateten die meisten meiner Silvesterfreunde und bekamen Kinder. Von der traditionellen Silvesterfeier blieb nur die glückliche Erinnerung. Aber das ist in Ordnung so – denn Rituale sind nur *Lebensabschnittspartner*, sie sind nur für eine bestimmte Phase des Lebens gedacht. Sie müssen und sollen nicht bis ans Lebensende durchgehalten werden. Rituale muss man loslassen können.

Bleibe also flexibel! Stelle nie den Buchstaben über den Geist. Das Ritual muss aus jedem guten Grund abgewandelt werden können. Struktur soll eine *Hilfe* sein; sie soll nicht steif machen.

Die Bibel erzählt von einem Mann, der die große Party versäumt, weil er vorher einen Acker verkaufen wollte. Oje, war das wirklich notwendig? Rituale und Struktur dürfen uns also keineswegs zur Blockade werden oder uns eigenbrötlerisch machen. Wie stellt man fest, wie es um einen steht? Ein wachsames Auge auf sich selbst, gute Freunde als Korrektiv, das ist ein brauchbarer Anfang!

Plane deine freien Tage, soweit es geht, langfristig. Hab immer etwas vor! Plane die besonders schwierigen Tage wie Weihnachten, Silvester, Geburtstag oder Valentinstag lange im Voraus und in einer Weise, die dir erlaubt, dich sogar darauf zu freuen. Triff dich mit Freunden, die dir guttun, nicht immer nur mit denen, bei denen du soziale oder berufliche Verpflichtungen hast.

Ja, es wird auch schwere Zeiten geben. Das darf sein, das gibt es überall. Es kommen auch wieder leichtere.

Perspektiven stiften Sinn

Jeder Mensch braucht *Perspektiven.* Ganz besonders brauchen Singles Perspektiven: Da kommt etwas (mehr oder weniger Bestimmtes), auf das ich mich freuen kann. Ein sprichwörtliches Licht am Ende des Tunnels. Perspektiven können Sinn stiften: Das möchte ich irgendwann schaffen, jenes gemacht haben, diesem einen geholfen haben. Perspektiven bleiben nicht am Status quo kleben und halten die Dinge nicht für abgeschlossen oder für unveränderbar. Darum sind sie für Singles so wichtig.

Der Psychiater Viktor Frankl beschreibt in »Trotzdem Ja zum Leben sagen« seine Erfahrungen in einem Konzentrationslager. Solange ein Mensch einen *Grund* zu leben hatte, schreibt er, überlebte er. Das Wiedersehen mit der Ehefrau konnte so ein Grund sein, oder ein Buch, das man unbedingt noch schreiben wollte. Wer seinen Grund verlor, lebte nicht mehr lange. Sein Therapieansatz: für den Patienten einen persönlichen Sinn suchen, um den Lebenswillen zu aktivieren. Als Single braucht man keine Therapie. Aber diese gute Idee borgen wir uns aus.

Was ist dein persönlicher Sinn, deine persönliche Aufgabe im Leben? Was sind deine Perspektiven? Worauf freust du dich? Worauf bereitest du dich vor? Wenn du hier zu wenig Antworten hast, dann ist es wichtig, an dieser Stelle länger zu verweilen und sich auf die Suche zu machen:

Zuallererst die wichtigste Frage: Hast du einen Sinn für dein Leben gefunden? Für Christen ist das nicht so kompliziert. Da ist die Sache in diesem Satz zusammengefasst: Gott »zu suchen, ihn zu erkennen und ihn mit all deinen Kräften zu lieben«.[24] Dazu kommt: den Glauben weiterzugeben, Liebe zu schenken und sich auf die Ewigkeit vorzubereiten. Übrigens: Verheiratet muss man für keines dieser Dinge sein. Wenn du Christ bist und dir diese Dinge zum wichtigsten Inhalt deines Lebens machst, fällt alles andere von selbst an seinen Platz.

Dazu kommt dein ganz persönlicher Sinn, der in diese allgemeine Beschreibung zwar hineinpasst, aber deine Talente, Begabungen, Ausbildung und Möglichkeiten mit umfasst. Versuche doch, deine persönliche Berufung in zwei oder drei Sätzen zusammenzufassen und dir dieses Sprüchlein einzuprägen. In unklareren Zeiten sagst du es dir dann vor. »Ich bin auf der Welt, um …, weil ich … Außerdem bin ich da, um …«

Eine wichtige Quelle von Sinn und Perspektiven ist es, sich für andere zu engagieren. Das beginnt bei der Nachbarschaftshilfe! Sobald man von seinem Nabel aufblickt, beginnt man, andere Menschen wahrzunehmen. Dann kann man sehen, wer Hilfe braucht und wem man unter die Arme greifen kann. Am Abend blickt man zurück auf einen Tag, an dem man Spuren hinterlassen hat.

Perspektiven sollte man auch beruflich haben: Kannst du dich beruflich weiterentwickeln? Wie wäre es mit einer Fortbildung? Als Single hat man mehr Zeit, Kurse zu machen oder an seiner Karriere zu basteln. Wenn dir gar nichts einfällt – lerne eine neue Sprache. Spanisch oder Russisch, das kannst du früher oder später vielleicht einmal ganz gut gebrauchen. Außerdem lernt man dabei Leute kennen.

---

24 Katechismus der katholischen Kirche, Absatz I, 1.

Gibt es genügend Dinge in deinem Leben, auf die du dich freust? Manche Singles sind mit den angenehmen Dingen des Lebens geradezu überbucht. Die nennt man dann Yuppies. Andere müssen diesen Punkt systematisch in Angriff nehmen: Farbe ins Leben bringen, ein gutes Buch finden, Unternehmungen organisieren, einen Ausflug am Wochenende, ein schönes Abendessen mit Freunden, einen lange ausständigen Besuch und so weiter! Wenn es dir an solchen Gelegenheiten fehlt, überleg dir mal, worauf du dich freuen würdest – und plane es in dein Leben ein.

Für einen partnersuchenden Single ist eine weitere Perspektive ganz, ganz wichtig: die Perspektive, jemanden kennenzulernen. Und weil man nicht weiß, ob und wann man wo jemanden kennenlernt, ist es wichtig, *mehrere Eisen im Feuer zu haben*. Besonders günstig sind dafür Anlässe, an denen Freunde ihre Freunde mitbringen. Oft belächelt, aber echte Freunde sind die, die dir ab und zu jemanden vorstellen, der vielleicht gut passen könnte. Nicht versäumen sollte man Single-Veranstaltungen, wenn es sein muss, auch ein Stückchen weiter weg. Nur Mut, das ist nichts Ungehöriges! Auch die Mitgliedschaft in einem seriösen Internet-Dating-Angebot ist heutzutage ein wichtiges Eisen im Feuer. Kennenlernen, Flirten, Austauschen und die Perspektive, vielleicht in Bälde jemanden gefunden zu haben, versüßen das Leben und geben dem Alltag frohe Farben. Je mehr Eisen im Feuer, desto besser! Aber – sobald du dich auf einen Menschen einlässt, ist es aus Fairness unbedingt notwendig, all diese Eisen zuerst *auf Eis* – und irgendwann *beiseite*zulegen.

Zwei Arten von Einsamkeit

Allein sein heißt nicht automatisch, einsam zu sein. Allein sein ist manchmal notwendig, um die eigenen Gedanken sammeln, nachdenken und mit Gott reden zu können – so wie Jesus in die Wüste oder auf einen Berg gegangen ist. Allein sein können, das muss man lernen und gehört zu einer »abgrundeteten« Persönlichkeit dazu.

Einsamkeit ist etwas anderes: Es gibt zwei Arten von Einsamkeit. Die eine ist ein Grundzustand des Menschen: Das Gefühl, nie wirklich und nie hundertprozentig *angekommen* zu sein. Es gibt nichts auf der Welt, das die Seele eines Menschen vollkommen zufriedenstellen kann. Das ist, so sagen die großen Philosophen, ein Hinweis auf die *Unsterblichkeit* der Seele, die nur in Gott Erfüllung findet, und erst dann so richtig, wenn sie zu Ihm *übergeht.* In manchen Lebensphasen spürt man diese Grundeinsamkeit stärker, in anderen schwächer. Ein großer Denker beschrieb es einmal ungefähr so: »In meiner Einsamkeit gehe ich zu Gott und erkenne, dass Er genauso einsam ist wie ich. Unsere Einsamkeiten treffen sich, und plötzlich tut es nicht mehr weh.«

Diese Einsamkeit ist eine Eigenschaft des Menschseins, ob verheiratet oder nicht. Wir müssen mit ihr leben können. Keine rauschenden Feste, keine Liebesabenteuer, keine Südseereisen können sie uns nehmen. Mit dieser Einsamkeit bewusst zu leben, macht uns bescheiden und gibt uns ein mitfühlendes Herz.

Die andere Art der Einsamkeit hat mit *sozialer Isolation* zu tun – und ist hausgemacht wie Marmelade im

Herbst. Als *homo socialis* benötigen wir Menschen, die unser Herz berühren. So wie eine Pflanze regelmäßig Wasser braucht. Da reicht es nicht, wenn man als Mautstellenkassierer jeden Tag 2500 Autofahrern 70 Cent abnimmt und von jedem mehr oder weniger freundlich begrüßt wird. Es reicht auch nicht, wenn 586 Kontakte auf Facebook posten, was sie gerade machen. Der Mensch braucht *anfassbare* Freunde, denen er sich öffnen kann, sonst verstaubt er. Er braucht eine Gruppe von Menschen, mit denen er lachen kann, sonst verrostet er. Er braucht Vertraute, die ihm einen Spiegel vorhalten, sonst wird er ein komischer Kauz. Er braucht ein soziales Netz, weil er dort irgendwo seine Ehepartnerin finden wird. Diese Freunde und Netzwerke gilt es zu suchen, zu hegen und zu erhalten und nicht zu verscheuchen. Dazu braucht es die Investition von Zeit, Aufmerksamkeit, Mitdenken und Vorschussvertrauen. Aber es ist machbar. Wer einsam ist, weil er sich in sein Schneckenhaus verzieht, ist selbst daran schuld.

Gehen wir es also an. Freunde sind Menschen, die sich zueinander hingezogen fühlen, weil sie eine Gemeinsamkeit entdeckt haben. Sie wollen einander Gutes und stehen miteinander im Austausch.[25] *Freund* wird man aber nicht von selbst, sondern indem man sich um den anderen bemüht. Einige meiner jetzigen Freunde hätte ich anfänglich einfach übersehen. Sie bemühten sich aber um den Kontakt, meldeten sich, luden sich mal selbst ein – und irgendwann bemerkte ich dann plötzlich, dass wir Freunde geworden waren. Dieser Prozess braucht oft viel Zeit. Aber auch in Be-

---

25 Thomas von Aquin, Summa Theologica II-II Q 23 A 1 und I-II Q 27 A 3.

zug auf Freundschaft gilt es, »Eisen ins Feuer« zu legen! Denke doch an zwei bis vier Menschen, mit denen du dich befreunden möchtest, und bemühe dich um diese Freundschaften durch Aufmerksamkeit, Zeit und ehrliches Mitfühlen.

Manche Singles – und manche Verheiratete – fühlen sich schnell übergangen: »Dieser oder jene hat mich nicht eingeladen. Ich wusste es schon immer – die mögen mich nicht. Immer werde ich übersehen …« In ihrem Schneckenhaus kochen sie so sehr, dass man sie in Frankreich servieren könnte. Ich verstehe dieses Gefühl gut. Aber ich habe gelernt, dass man meist nicht aus bösem Willen nicht eingeladen wird. Gastgeber müssen mit beschränktem Platz und verschiedensten Verbindlichkeiten kalkulieren. Vielleicht war man auch in letzter Zeit im Leben der Gastgeber nicht präsent genug. Aber durch Schmollen und Rückzug hat sich noch kein soziales Leben verbessert. Im Gegenteil! Stattdessen könnte man ja auch mal selbst die Initiative ergreifen. Wie wär's – vielleicht solltest du ein Abendessen vorbereiten für eine Gruppe von Freunden? Strategisch gesehen solltest du insbesondere dann den einladen, der oft selbst Gastgeber ist und dich bis dato übersehen hat. Das nächste Mal bist du dann nämlich sicher auf seiner Party mit dabei. Aber so oder so – etwas zu organisieren und dazu einzuladen steht ja nicht nur in den Job-Descriptions aller *anderen*.

Meine Freundin Olly hat eine klare Regel: Solange sie Single ist, geht sie mindestens zweimal pro Woche aus. Wird sie nicht oft genug eingeladen, dann greift sie selbst zum Hörer.

Probier es doch aus, es ist ganz einfach: Gehen wir ins Theater? Ins Konzert? Ins Kino? Zum Fußballspiel?

Wandern? Shoppen? Torte backen und dann mit ein paar hinzukommenden Freunden probieren? Gansessen zum hl. Martin? Resteessen nach Weihnachten? Gesprächsrunde zu einem aktuellen Thema? Diashow? Weinverkostung? Gebetstreffen? Radtour? Museumsführung für Gruppen ab 10 Teilnehmern? Wochenendfahrt nach Venedig? Spanischkurs zu viert?

Ja, es kann sein, dass eine Idee mal floppt. Aber es ist viel besser, etwas versucht zu haben und wieder zu versuchen und es besser zu machen, als »Kevin allein zu Hause« zu spielen. Und ich glaube nicht, dass eine gute Initiative floppt: So viele sind einsam und freuen sich, wenn jemand einen Vorschlag macht. Und einer bringt dann jemanden mit, in den du dich – zwischen den Gängen des Ganserlessens oder hechelnd am Radweg oder in der Pause des Theaterstücks – völlig ungeplant verliebst.

Hausgemachte Einsamkeit verspürt man meist erst dann, wenn man zu viel an sich selbst denkt. Wenn die Einsamkeit langsam in dein Herz kriecht, dann setz dich hin und überlege, wie du andere beschenken könntest. Vielleicht freut sich jemand über einen Filmabend bei dir mit selbstgemachtem Popcorn? Oder möchtest du der Nachbarin eine Klavierstunde geben? Dein zehnjähriges Patenkind mit einem kleinen Ausflug beschenken? Oder deiner mit drei kleinen Kindern überforderten Schwester unter die Arme greifen? Denk mal so darüber nach: Welche Fähigkeiten, welche Fertigkeiten hast du, mit denen du andere erfreuen kannst? Dein Maßstab soll in dieser Zeit werden: Wie viel Freude hast du anderen geschenkt? Dann stellt sich deine Freude von selbst ein. Und deine Liebenswürdigkeit.

Beim kathTreff-Schifahren für Singles war unlängst

der Brückenkonstrukteur Georg mit. Georg hat zwei besondere Talente: Er ist ein guter Tänzer, und er ist Sportler, Spurenfinder und Kartenleser. Er bereitete sich intensiv auf die gemeinsamen Tage vor: Zuerst überlegte er einfache Tänze, die alle lernen konnten. Die Musik dazu brachte er mit. Für die gemeinsame Wanderung kopierte er Karten, reservierte ein Restaurant zur Stärkung und motivierte auch die Verkühlten und Faulen, zumindest einen Teil des Weges mitzukommen. Die Teilnehmer der Winterfreizeit waren begeistert. Georg hatte ihnen mit seinen Talenten viele unvergessliche Stunden geschenkt. Und meinst du, er hätte sich bei der Vorbereitung und in diesen Tagen einsam gefühlt? Nein, das glaube ich nicht.

Jeder hat mindestens ein besonderes Talent. Welches ist das deine? Wer könnte sich darüber freuen, wen könntest du damit glücklich machen? Wenn du an andere denkst, verschwindet die Langeweile, die Sinnlosigkeit und schlussendlich auch die Einsamkeit. Du merkst es gar nicht: Schwupp, und weg sind diese missmutigen und unbrauchbaren Zeitgenossen.

Zwei Arten von Traurigkeit

Manchmal schlägt Einsamkeit in Traurigkeit um. Traurigkeit ist gefährlich! Sie stiehlt Energie und Ausstrahlung. Ein trauriger Mensch freut sich nicht über das Leben, und er tut sich schwer, Bekanntschaften zu schließen. Bei Thomas von Aquin[26] habe ich ein Rezept gegen die Traurigkeit gefunden. Es klingt banal, und einige hätten sich vom großen Denker Thomas vielleicht etwas mehr erwartet. Aber täuscht euch nicht! Das Interessante an seinen Gedanken ist, dass er die Traurigkeit als *körperlichen Zustand* sieht und ebendort dagegen arbeitet. Das finde ich sehr spannend. Also, hier sind seine Vorschläge:

Erstens, mach etwas, das dir angenehm ist und Vergnügen bereitet, damit wirkst du der Traurigkeit diametral entgegen.

Zweitens, weine und klage, und versuche deine Traurigkeit in Worte zu fassen, damit lässt du sie aus dir heraus, und der Druck wird weniger.

Drittens, suche das Mitgefühl von Freunden, dadurch teilst du dein Leid, und es wird halbes Leid; und deine Freude über ihr Mitgefühl ist dir angenehm gemäß Punkt eins.

Viertens, denke über die großen Wahrheiten des Lebens nach. Dadurch rückst du dein Leiden in die richtige Perspektive und kannst dich an der Wahrheit freuen.

Fünftens, tu deinem Körper etwas Gutes, indem du zum Beispiel ein heißes Bad nimmst und einmal so richtig ausschläfst.

---

26 Summa Theologica I-II, Q 38 A 1–5.

Es gibt aber auch eine andere, tiefergehende Art von »Traurigkeit«. Thomas nennt sie *Acedia*[27] und bezeichnet sie als »Wurzelsünde«. Die Bedeutung des Wortes liegt irgendwo zwischen Mutlosigkeit, Herzensträgheit und Melancholie. »Das kann ja gar nicht gehen«, »mir gelingt das nie«, »ich bin sowieso nicht liebenswert«, »ich bleibe lieber zu Hause, anstatt mir dort blöd vorzukommen«, »wer will denn schon mit mir etwas unternehmen« und so weiter. Kommt das jemandem bekannt vor? Achtung! Die Konsequenzen der Acedia sind laut Thomas: Bosheit, Groll, Auflehnung, Kleinmütigkeit, Verzweiflung, Gleichgültigkeit und Unruhe des Geistes. Oho – bekannt? Diese Acedia kann trotz des eleganten Namens Leben zerstören und gleich noch das gesamte Umfeld mit hinunterziehen.

Josef Pieper beschreibt die Ursache der Acedia so: dass »der Mensch sich dem Anspruch versage, der mit seiner eigenen Würde gegeben ist; dass er nicht das sein will, als was Gott ihn will (…), dass der Mensch seinem eigenen Sein letztlich nicht zustimmt«[28]. Ich will also nicht das sein, was Gott mit mir geplant hat. Ohne einen Partner, mit einer schiefen Nase, ohne besondere Talente, mit einer schwierigen Verwandtschaft, einem langweiligen Job und ohne Erbtante. Ich fühle: Meine Situation wird perspektivlos bleiben, und ich kann nichts dagegen tun. Meine Ohnmacht generiert Mutlosigkeit. In einer bestimmten Situation zu scheitern allein wäre nicht so schlimm – wenn es nicht Mutlosigkeit produzieren würde. »Das geht ja gar nicht« in einer bestimmten Situation zu sagen kann

---

27 *Summa Theologica* II-II, Q 35.
28 Josef Pieper, Muße und Kult, Kösel, München 1948.

auch einfach vernünftig sein. Aber wenn dieses »es geht nicht« in mich hineinsickert und sich dort ausbreitet, verfärbt es meine Seele mit einem Gefühl der Ausweglosigkeit und der Verzweiflung.

Kann Acedia ein Grund sein, warum so mancher Single noch zu haben ist? Oder ist sie gar eine gefährliche Spirale nach unten? Jede Enttäuschung vertieft die Mutlosigkeit. Jede verworfene Hoffnung betoniert die Ohnmacht. Und die Partnersuche wird immer verzwickter. Was also tun?

Nach Thomas von Aquin schlage ich Folgendes vor:

Erstens, die Gefahr erkennen. Achtung, oft versteckt sich Acedia hinter angeblichem »Hausverstand« oder »Klugheit«, man prüfe sich also eingehend. »Was heißt hier Acedia? Ich kann das einfach nicht, und es mag mich keiner – das ist eine Tatsache und hat nichts mit diesem Fremdwort von Gemütszustand zu tun!« Wirklich!? Oder so: »Ich würde ja gerne meinen Beruf wechseln. Aber das geht sicher schief, und es wäre unklug, meine sichere Position als Mautstellenkassierer zu riskieren.« Ach ja?

Zweitens, Acediagedanken und -gefühlen keinen Raum geben: *Flucht und Widerstand*. Übrigens, Thomas rät zu Flucht und Widerstand bei jeder Gefahr ernsten eigenen Fehlverhaltens.

Flucht: Beine in die Hände und wie Speedy Gonzales ab durch die Mitte. Laut bei der Hitparade mitsingen. Gute Freunde treffen. Einen riesigen Eisbecher bestellen. Die ganze Wohnung putzen. Eine schon lange wartende unangenehme Sache in Angriff nehmen.

Widerstand: »Aha, da bist du, du kleine häßliche Acedia, du grausiges Biest. Ich ziehe dich aus meiner Seele heraus mit einem Grillspieß, lasse dich ein bisschen zappeln und werfe dich dann den Krokodilen im Zoo zum Fraß vor!« Eine besondere Form des Widerstands ist das *Totstellen:* »Was machst du hier, Versuchung, Acedia? Ich bewege mich keinen Zentimeter in deine Richtung, denn für dich bin ich tot!«

Drittens, Banalitäten meiden! Nicht Unwesentliches, Unvollkommenes oder gar Schlechtes betrachten, sondern die angegriffene Seele höheren und schöneren Dingen zuwenden. Über die Größe des Menschen nachdenken und seine Fähigkeit, zu abstrahieren und zu verstehen, zu lieben und sein Leben für einen anderen oder eine gute Sache zu geben. Über die unvergänglichen Dinge nachdenken, die Schönheit, die Kunst. Über Gott nachdenken und die Kirche mit ihrem verrückten Weg durch die Zeit. Vielleicht ist ein Buch mit Heiligengeschichten oder wahren Erzählungen von großen Helden das beste Antibiotikum gegen Acedia – ohne unerwünschte Nebenwirkungen.

Und viertens, Gott macht keine Fehler. Er hat dich gemacht und genau hierhingestellt. Er pfuscht nicht. Wir verstehen Seine Gründe und Absichten oft erst später. »Ich hätte dies oder jenes vielleicht ein bisschen anders gemacht. Aber Du weißt es besser, und ich nehme mich selbst und meine Zeit in dieser Welt als Geschenk von Dir an.« Wie ein sorgloses Kind darfst du Ihm vertrauen und Überraschungen erwarten. Rechnen wir mit dem lieben Gott!

Vor- und Nachteile des
Lebens als Single

Will man immer das, was man nicht hat? Ich mag dieses Sprichwort nicht. Es reduziert unsere Sehnsüchte auf eine Art Futterneid auf das Spielzeug, mit dem gerade das andere Kind spielt. Nein, das erklärt die Regungen des menschlichen Herzens nicht, auch wenn jeder von uns solche Gefühle schon mal erlebt hat.

Oft genug wünscht sich ein Verheirateter eine ruhige Stunde ohne Verantwortung für einen großen Haushalt und die Kinderschar. Aber das ist keine K. O.-Erklärung an seine Lebensweise: Durch das Leben zu zweit zu gehen *entspricht* uns als Menschen – mehr noch als den Graugänsen. Als Mensch ist man für Partnerschaft geradezu »gemacht«. Aber bitte, lieber Single, erwarte nicht die rosa Wolke, nicht den siebten Himmel und auch nicht das Schlaraffenland! Es hat Vorteile Single zu sein, die es gut zu nützen gilt:

- Freu dich über deine Flexibilität: Du kannst jederzeit dein Leben neu ausrichten. Du kannst in der Küche machen, was *du* willst, auch wenn es *gar nichts* ist. Du kannst dir deine Spielfilme selbst aussuchen … und du kannst dich auch mal gehen lassen. Beziehung heißt immer Kompromiß: Die Entscheidungen, wo du wohnst, welchen Job du annimmst, welche Möbel gekauft werden und wohin auf Urlaub gefahren oder wie der Sonntag gestaltet wird, sind nicht mehr allein die deinen.
- Beziehung heißt Arbeit: Eine Beziehung ist wie ein

Garten. Wo Arbeit und Aufmerksamkeit fehlen, erntet man Unkraut.

- Beziehung heißt auch, missverstanden und verletzt zu werden. Nähe macht verletzbar. Ein Mensch ist immer unvollkommen, sosehr er sich auch bemüht.
- Beziehung heißt, alle anderen Eisen aus dem Feuer zu nehmen! Goodbye, Flirts! Goodbye, Urlaubsromanze!
- Ehe heißt im Normalfall Kinder bekommen. Und wenn Kinder da sind, ist es so (Balu, sing doch bitte mal mit):

Vorbei ist's mit Gemütlichkeit,
mit Ruhe und Gemütlichkeit,
da trifft dich deiner ganzen Sorgen Kram,
und wenn's nicht mehr gemütlich ist
und du ausgepowert bist,
dann denk doch bitte dran, woher es kam.

- Ja, wenn Kinder da sind, bleibt nicht mehr viel Zeit für Hobbys, interessante Reisen, Karriere und Weiterbildung, Besinnung und ungestörtes Gebet. Auch für die Zweisamkeit ist dann oft nicht viel drin, und die Zeit füreinander muss teuer abgespart werden. Das betrifft auch den Sex, liebe Singles, der bei weitem nicht so sehr im Vordergrund steht, wie man sich das vielleicht vorstellt.

Es ist natürlich und richtig, dass du dich nach einer Partnerschaft sehnst. Aber es wäre falsch, wenn du dein ganzes Denken und dein ganzes Glück daran knüpfst. Das wäre schlichtweg falsch!

Nütze die Vorteile, die der Lebensabschnitt als Single birgt: Du erlebst unvergleichlich mehr Selbstbestimmung und zeitliche Verfügbarkeit als Verheiratete mit Kindern. Diese Einladung darf allerdings nicht als Freibrief für ein Leben als Playboy missverstanden werden. Denn man gewöhnt sich an das Playboyleben und tut sich schwer, es wieder loszuwerden. Und weil man im Regelfall einen Partner findet, der der eigenen Lebensführung entspricht. Der Playboy findet ein Playgirl – auch wenn er das gar nicht will. Logisch, er trifft Playgirls ja auf der Spielwiese, auf der er herumtollt.

Ein bedeutender Nachteil des Lebensabschnitts als Single sei an dieser Stelle genannt: das Fehlen des »Michelangelo-Effekts«. Ein holländischer Wissenschaftler prägte diesen Begriff für das das Phänomen, dass sich sehr nahestehende Partner füreinander zum »Bildhauer« werden, die aus dem rohen Material des anderen schöne Skulpturen schaffen. Dadurch wird der Einzelne »besser« und kann seine Ziele leichter erreichen.[29]

Das enge Zusammenleben in einer Ehe hält einem einen Spiegel vor. Man reibt sich aneinander, wird mit eigenen Fehlern konfrontiert und ständig angehalten, sich zu bessern. Das bleibt nicht ohne Früchte! Singles müssen umso mehr ihre Fühler nach diesem »Spiegel« ausstrecken, genauer hinhören, zwischen den Zeilen lesen und vielleicht mit einem weisen Begleiter und guten Freund auch mal ihre eigene Lebensweise, ihre Einstellungen und ihr Verhalten kritisch hinterfragen.

Wichtig ist, dass Singles die Chancen und Möglichkeiten, die in ihrer größeren Selbstbestimmung liegen, entdecken und gleichzeitig nicht auf das Ausfahren ihrer Sensoren für etwaige Verbesserungsnotwendig-

---

29 Caryl Rusbult, Vrije University Amsterdam.

keiten verzichten. Ziel ist es, eine »abgerundete Persönlichkeit« zu werden.

Mit der bei Singles meist stärker verfügbaren Freizeit kann viel Gutes getan werden, sei es für Menschen aus dem eigenen Umfeld, die Hilfe oder einfach ein offenes Ohr brauchen, für die Gemeinde, einen Verein oder aktives Engagement in der Öffentlichkeit. Denn: Wir werden, was wir *tun*. Hoffentlich also etwas Gutes.

Häufige Single-Fallen

Vorsicht bei Torschlusspanik! Lass dich nicht von der Angst, alleine zu bleiben, steuern. Unverheiratet zu sein ist kein Todesurteil. Wer weiß, was das Leben noch bringt? Angst ist nicht immer, aber in diesem Fall ein schlechter Ratgeber. Man entledigt sich ihrer durch Objektivität, Gelassenheit und Gebet. Gott weiß genau, was du brauchst. Christ sein heißt, Ihm zu vertrauen, dass Er deine Sehnsucht ernst nimmt! Deine Sorgen sind die weißen Haare gar nicht wert.

Vorsicht vor zu viel »Ich«! Insbesondere wer lange alleine lebt, ist in Gefahr, zu selbstbezogen zu werden. »Ich, meiner, mir, mich«, lautet seine Anleitung zum Unglücklichsein. Überprüfe dich selbst: Worum kreisen deine Gedanken? Wenn du mit Freunden beisammen bist, worum geht es in den meisten deiner Gesprächsbeiträge? Was steht in deinem Denken im Mittelpunkt?

Vorsicht vor zu wenig »Ich«! Sieh zu, dass es dir gutgeht. Investiere in dein Aussehen, damit du dich attraktiv fühlst und den Herausforderungen des Lebens mit Zuversicht und Mut ins Angesicht siehst. Kümmere dich gut um deinen Körper, du brauchst ihn noch länger. Bewegung oder Tanz geben dir ein gutes Körpergefühl. Und noch etwas: Trinke nie Alkohol allein!

Vorsicht vor zu viel Sehnsucht! Lass die Sehnsucht nicht überhandnehmen: *Unsere Wünsche machen uns*

zu viel Sehnsucht

lebendig, aber sie loszulassen macht uns frei. Liebe Leserin, lieber Leser, Sehnsucht darf sein. Ein Leben ohne Sehnsucht wäre ein Leben ohne Menschlichkeit. Auch Verheiratete haben Sehnsüchte, und viele Menschen erleben die Erfüllung ihrer Sehnsüchte nie – aber diese Wünsche haben sie als *Ansporn* in Bewegung gehalten. Sie aber unter *ferner liefen* einzureihen, ihnen allerhöchstens mit Jürgen von der Lippe »guten Morgen« zu wünschen und sie anschließend auf kleiner Flamme köcheln zu lassen, bietet uns eine Menge neuer Optionen: Es kann, muss aber nicht genau so kommen! Das macht uns frei. Wir arbeiten an unseren Aufgaben und für unsere Ziele – ohne unseren Sehnsüchten ungeprüft nachzulaufen.

Vorsicht, wenn man mit einem Partner etwas anderes kompensieren möchte! Um jemanden kennenzulernen, und für den Fall, dass man niemanden kennenlernt, muss man lernen, ohne Partner zufrieden zu sein. Denn man ist erst dann wirklich attraktiv, wenn man das kann. Reif für die Ehe ist derjenige, der auch alleine leben kann. Ein Partner darf nicht dazu da sein, einen Mangel auszugleichen.

Vorsicht vor überzogenen Erwartungen an eine Partnerschaft! Partnersuchende neigen dazu, sich Ehe, Beziehung und Partnerschaft als »Endstation Glück« vorzustellen. Ein anderer Mensch ist aber nie Glücksbringer. Glück liegt im *Jetzt* ... wer es *vor* der Ehe nicht gefunden hat, findet es auch nicht *in* der Ehe!

Perfekte und *immerwährende* Nähe und Geborgenheit gibt es auch in der glücklichsten Beziehung nicht: Unterschiede, anders gelagerte Pläne und Wünsche und Missverständnisse kommen in jeder noch so gelungenen Partnerschaft vor. Wer versteht uns schon *hundertprozentig?*

Der Mensch ist von Natur aus einsam. Ein Gefährte ist ein wunderbares Geschenk und eine große Stütze auf dem Weg. Aber er ist nicht das Endziel oder das Zuhause – und er befreit uns schlussendlich auch nicht von der Einsamkeit. Im Grunde sind alle – verheiratet oder nicht – allein. Diese tiefste Einsamkeit kann nur Gott erreichen.

Ehe, liebe Leserin, lieber Leser, ist ein gemeinsamer Weg. Für Christen ist sie ein gemeinsamer Weg zu Gott und zur Heiligkeit. Ehe ist keine Glücksmaschine. Ein amerikanischer Prediger fasste es einmal so zusammen: »The goal of marriage? *Holy – not happy!*«

Nicht das Selbstvertrauen verlieren! Singles finden es unangenehm, wenn sie mit kaum verbergbarem Mitleid auf ihren Beziehungsstatus hin befragt werden. Überlege dir eine freche Standardantwort auf diese Fragen, dann perlen sie einfach von dir ab. Manche fragen sich auch: Was ist an mir auszusetzen? Merke dir: Es sind nicht immer die Hübschesten und Begabtesten und Beeindruckendsten, die schnell jemanden finden. Wer mit wem eine Beziehung eingeht, hängt von vielen Faktoren ab, die teilweise wenig mit den persönlichen Qualitäten der Beteiligten zu tun haben. Ob verheiratet oder Single: Über einen Beziehungsstatus definiert man sich nicht. Dein Wert liegt in deinem Menschsein, in deinem Du-Sein, in deiner Lebensführung, in deiner *Gottesebenbildlichkeit* und deiner *Gotteskindschaft.* Du hast jeden Grund, allen Menschen, wem auch immer, mit Selbstvertrauen geradeheraus in die Augen zu blicken.

Übermorgen kommt bestimmt. Denke an die alte Dame, den alten Herrn deiner eigenen Zukunft ... und bereite dich darauf vor. Wenn du kannst, lege ein bisschen Geld auf die Seite. Sieh zu, dass du körperlich fit bist, und passe auf deine Gesundheit gut auf. Sei für deine Verwandten greifbar – sie werden mit großer Wahrscheinlichkeit deine wichtigste Stütze im Alter sein. Werde für deine jüngeren Verwandten die Lieblingstante, die sie verwöhnt, ins Kino einlädt und Zeit für sie hat. Später werden sie es dir mit ihrer Freundschaft danken.

Und dann suche dir noch ein, zwei Familien, die du magst und bei denen die Chemie stimmt, und hänge dich dort als *Wahltante* an. *Adoptiere dir eine Familie!* Solltest du nicht mehr heiraten, findest du dort Heimat, Ansprache und später – im Alter – auch Sorge. Die »Adoption« erfolgt folgendermaßen: Zeig dich an der Familie interessiert. Denke an die Kindergeburtstage und bringe Geschenke. Hilf da und dort mal aus oder mit. Werde den Eltern eine Freundin und den Kindern ein Abenteuer. So wachst ihr zusammen, und du wirst ein nicht wegzudenkender Teil dieser Familie.

Um einen guten Ehepartner beten

Als mein erstes Baby getauft wurde, war ich dreißig Jahre alt und die meisten meiner Freundinnen noch Singles. So wurde die Taufe zu einem richtigen Single-Event, und das Gespräch am Abend gelangte schnell zum Thema Männer. Da stellte die Kroatin Zrinka eine entscheidende Frage: »Wer von euch hat schon so richtig Sturm gebetet und nicht lockergelassen, Gott um einen Mann zu bitten?« Niemand, nicht eine! »Okay«, meinte Zrinka, »wir fangen also gleich eine Gebetskette an.«

Das erinnerte mich an Martina. Sie war fünfunddreißig Jahre alt, sah gut aus, war gebildet und hatte einen guten Charakter. Der richtige Mann war aber weit und breit nicht zu erblicken. Martina war verzweifelt. Eines Tages hatte sie die Nase voll: Sie beschloss, neun Tage lang intensiv zu beten, und verlangte frech von Gott, ihr bis zum neunten Tag den Ehemann vorzustellen. Und es war so: Am neunten Tag fiel es ihr wie Schuppen von den Augen. Sie sah einen Bekannten wieder, der sich schon vor längerer Zeit um sie bemüht hatte, und es klickte so richtig. Ein paar Monate später läuteten die Hochzeitsglocken.

Wie direkt darf man Gott gegenüber sein? Darf man Ihn herausfordern? Gott hat ein Herz für uns und versteht uns besser als wir uns selbst. Wir dürfen uns mit Ihm so richtig auseinandersetzen, uns ärgern, Fäuste ballen und mit den Füßen stampfen.

Wichtig ist nur eines: Dass wir Ihn Gott sein lassen und Ihm schlussendlich unser ganzes Vertrauen schenken, denn wir wissen: Kein Haar fällt zu Boden, ohne dass Er nicht davon weiß. Jedes Gebet und jeden wüsten Ausruf sollen wir mit »Dein Wille geschehe« beenden.

Die Bloggerin Dorothy Cummings, selbst viele Jahre lang Single, beschreibt ihre Auseinandersetzung mit Gott so: »›Du weißt nicht, wie sehr ich leide! Du hast ja keine Ahnung, was es heißt, ein Mensch zu sein!‹ Dann aber fällt mein Blick auf das Kruzifix, und ich vermeine zu hören: ›Doch, ich weiß das sehr genau.‹ Weil Gott freiwillig Mensch geworden ist und freiwillig gelitten hat, sind wir in unserer Einsamkeit nie *wirklich* allein.«[30]

Leben in Fülle

Nun, liebe Anne, meinst du immer noch, dein Leben hätte ohne Mann keinen Sinn? Du wünschst dir *Leben in Fülle.* Jesus sagt, dass er gekommen ist, damit wir das Leben in Fülle haben. Er hat nicht gesagt: Ich sende dir einen Ehemann, damit du das Leben in Fülle hast.

Richte also dein Leben an dem aus, was die großen Philosophen als das *Verum, Pulchrum* und *Bonum* bezeichnet haben: das Wahre, Schöne und Gute. Schau nicht auf deinen eigenen Nabel, dort findest du das Leben in Fülle nicht.

---

30   Dorothy Cummings, op. cit., S. 142.

Kapitel 4
Partnerschaftsfähig werden

Im Spannungsfeld zwischen Selbstannahme und Persönlichkeitsentwicklung

Weißt du eigentlich, wer du bist? Was deine besonderen Begabungen sind? Was deine Schwächen? In welchen Situationen bist du wirklich gut, in welchen brauchst du Hilfe? Was machst du am liebsten, und was sind deine Lebensziele? Hast du einen »Auftrag« in dieser Welt? Viele kennen sich selbst nur oberflächlich – oder besser gesagt, sie haben über ihre Besonderheiten noch nicht wirklich nachgedacht.

Der Beziehungstrainer Walter Nitsche[31] bringt die zwei grundlegend unterschiedlichen Empfindungstypen auf die Begriffe Bergsee und Ozeanseele. Der Bergsee ist klar, man kann bis auf den Grund sehen. Im Sturm kräuselt er sich nur ein bisschen. Die Ozeanseele stattdessen ist voller Geheimnisse und Überraschungen. Keiner weiß genau, was alles in ihrem Inneren verborgen ist, oft nicht einmal sie selbst. Und wenn der Wind geht … na ja, dann schlagen die Wogen hoch, und das Meer kocht.

Nun ist es wichtig, sich selbst und seine nächsten Umgangspersonen dem einen oder dem anderen Typ zuordnen zu können. So lernt man die eigenen Reaktionen verstehen und lässt sich von ihnen weniger leicht erschrecken. Bist du ein Bergsee oder eine Ozeanseele?

In einem aus Amerika stammenden Seminar für Männer bekommt jeder Teilnehmer die Aufgabe, seinen Auftrag in dieser Welt in einem Satz zu formulie-

---

31 Walter Nitsche ist christlicher Ehe- und Lebensberater, Seminarleiter und Autor zahlreicher Bücher. www.cpdienst.de.

ren. An diesem Satz kann er sich orientieren und in schwierigen Zeiten daran halten. Der könnte zum Beispiel so lauten: »Meine Aufgabe in dieser Welt ist es, den Menschen in meiner Umgebung durch meine musikalische Begabung Freude und Entspannung zu schenken.« Kannst du einen solchen Satz auch für dich finden?

Gefällt dir, was du bei solchen Überlegungen über dich entdeckst? Kannst du dich selbst annehmen? So bist du und nicht anders. In diese Zeit hineingeboren, einer von vielen, und dennoch eine eigene Welt für sich. Gott hat dich so gestaltet, und das ist gut so, selbst wenn du es anders gemacht hättest. Versuchen wir eine Sekunde lang, uns selbst mit den Augen Gottes zu sehen. Mit den Augen eines Gottes, der keine Fehler macht. Auch nicht bei dir. Er hat für alles einen Grund. »Gott sah alles an, was wer gemacht hatte, und er sah, dass es gut war.«[32] Dieser Satz aus dem biblischen Schöpfungsbericht schließt dich mit ein.

Bei Goethe ist zu lesen: »Wenn wir den Menschen so nehmen, wie er ist, dann machen wir ihn schlechter. Wenn wir ihn aber so nehmen, wie er sein soll, dann machen wir ihn zu dem, der er werden kann.« Vom Dichter Friedrich Hebbel stammt der beeindruckende Satz: »Ich, der ich bin, grüße traurig den, der ich sein könnte.«

Selbstannahme bedeutet also keineswegs, sich mit dem Status quo zufriedenzugeben. Sie bedeutet lediglich, die Karten, die man bekommen hat, zu *akzeptieren.* Für ein gutes Spiel ist man immer noch *selbst* verantwortlich! Und das eigene Blatt mit den Karten anderer zu vergleichen bringt gar nichts: Man sieht nur

---

32   Gen 1,31.

die gespielte Karte und kennt den weiteren Spielverlauf nicht. Man vergisst, dass man gar nicht genug weiß, um überhaupt irgendetwas vergleichen zu können. Stellen wir die verteilten Karten nicht in Frage – sondern holen wir aus unserem Blatt das Beste heraus.

Die eigenen Schwächen annehmen
und bekämpfen

Der selbstgerechte Typ sieht in den Spiegel und sagt: »Danke, Herr, dass ich nicht so bin wie die anderen, besonders nicht wie dieser Zöllner.« Aber wer meint, keine Schwächen zu haben, ist arm dran. Weil er sich dann selbst noch nicht wirklich kennengelernt hat. Jeder hat Stärken und Schwächen.

Liebe Leserin, lieber Leser, das Christentum ist keine Religion der göttlichen Belohnung, sondern eine Religion des göttlichen Erbarmens. Auch ein Christ ist über seine Schwächen unglücklich und kämpft gegen sie an. Aber er verzweifelt nicht an ihnen. Und er zieht sie auch nicht als Rechtfertigung oder Entschuldigung heran. Deshalb sollten Sätze wie »Ich habe halt zu wenig Liebe bekommen« oder »Ich bin eben so« niemals als Entschuldigung über unsere Lippen kommen.

Blockaden abbauen

Als ersten Schritt auf einem Weg der Reifung und Entfaltung unserer Persönlichkeit halten wir nach Blockaden Ausschau. Sonst droht unsere Arbeit ganz umsonst zu sein.

Ein häufiger Grund für Beziehungsschwierigkeiten findet sich in einer blockierten Persönlichkeitsreifung, deren Ursachen in die Zeit weit vor der Eheschließung zurückreichen können. Unverarbeitete seelische Verletzungen sind die hauptsächlichen Ursachen dafür, dass man nicht liebevoll mit der eigenen inneren Persönlichkeit umgehen kann, keinen Zugang zu sich selbst hat und sich selbst ablehnt oder gar verachtet.

Der Beziehungsexperte Walter Nitsche fasst die Auswirkungen einer solchen Persönlichkeitsblockade auf eine Partnerschaft so zusammen:

- Man erwartet vom andern, dass er tiefe unerfüllte Sehnsüchte und Bedürfnisse stillt. Doch wer keinen liebevollen »Kontakt« zu seiner inneren Persönlichkeit aufgebaut hat, wird weiterhin schmerzhafte seelische Defizite empfinden, auch wenn sich der Partner bemüht. Frust, seelische Einsamkeit und Schuldzuweisungen sind die Folgen.
- Als Single oder in einer Partnerschaft wird man vermehrt »funktionieren«, statt erfüllt zu leben.
- Wird in einer Beziehung seelische Intimität aufgebaut (die bekanntlich Voraussetzung für eine erfüllende körperliche Intimität ist), so wird man bald mit tiefen Ängsten, mit Scham und noch offenen Wunden konfrontiert. Der Prozess wachsender seelischer Intimität wird abgebrochen, die körperliche Intimität verliert dadurch die Basis und wird zunehmend fade.
- Bei unpassenden Worten des Partners fühlt man sich schnell verletzt, weil unbewusste »Urwunden« berührt wurden. Das führt zu unangemessenen Reaktionen, Missverständnissen, Gegenverletzungen, Streit, seelischem Rückzug usw. Eine kleine »Ver-

letzung« hat sich mit der »Urwunde« verbunden und wird deshalb zu einer großen, tragischen Sache.

Seelische Verletzungen sind wie Stacheln, die in unsere Seele gedrückt wurden – von der Kindheit an bis heute. Alle gehen sie mit Lügenbotschaften einher, die uns geprägt haben und uns auch in einer Beziehung beeinflussen. Die »Stacheln« müssen »herausgezogen«, angeschaut, als Lüge entlarvt und mit Wahrheit ersetzt werden. Das ist »ganzheitliche Verletzungsarbeit«, die schon vor einer Partnerschaft in Angriff genommen werden sollte.

Sich selbst in Besitz nehmen

Anita ist 33 Jahre alt. Freunde bringen sie am Samstagabend mit in die Bar. Anita ist ein sympathischer Typ, sehr kommunikativ und offen. Sie hat einen Topjob und verkörpert in ihrer blonden, Schutzbedürftigkeit signalisierenden Niedlichkeit ziemlich genau den Typ »Traumfrau für anlehnungsbedürftige Männer«. Ja, und sie tut auch eine Menge dafür, dass sie rüberkommt wie ein Stück Kirschtorte. Anita will unbedingt ein Kind. Und das möglichst bald. Kaum, dass wir uns näher kennengelernt haben und ins Gespräch gekommen sind, erklärt sie mir, dass sie bereits Pläne für eine Schwangerschaft gemacht hat. Nur wer der Vater sein sollte, ist ihr noch nicht klar. Da ist der Jugendfreund, an dessen Hand ich sie gerade kennenlerne. Seit zehn Jahren zieht sie bei ihm ein und wieder aus. Dann ist da noch ihr Chef, mit dem sie seit einem Jahr liiert ist – der will allerdings seine Frau nicht verlassen. Wer von den beiden ist der Richtige? Kann sie den einen endgültig verlassen, solange sie von der Alternative nicht überzeugt ist? »Ich habe solche Angst, dass ich keine eigene Familie bekomme. Ich bin so zerrissen!« Ich kenne Anita gerade mal zwanzig Minuten, und im Hintergrund dröhnen die Diskolautsprecher. Als ich vom WC zurückkomme, finde ich sie in den Armen des Jugendfreundes. Einträchtig lächelnd geht sie um zwei Uhr früh mit ihm nach Hause. Ob Anita so ihr Glück findet?

Lassen wir Anita für einen Augenblick in den Armen ihres Freundes. Reden wir von etwas scheinbar ganz anderem. Der Kindergarten meines ältesten Töchterchens hat ein interessantes pädagogisches Konzept. Ziel ist der »ausgeglichene Charakter«. Acht gute Eigenschaften bringt man dort den Kindern bei:

- *Bescheidenheit:* Wenn ich erfolgreich bin, weiß ich, dass ich es nicht nur mir selbst verdanke.
- *Stärke:* Wenn etwas nicht gleich funktioniert, gebe ich nicht auf.
- *Selbstannahme:* Ich kenne mich selbst und meinen Platz in der Welt.
- *Nächstenliebe:* Ich anerkenne auch die Freiheit der anderen und respektiere sie.
- *Gutes Urteilsvermögen:* Ich weiß, was gut für mich ist.
- *Klugheit:* Ich weiß, wie ich es erreiche.
- *Beharrlichkeit:* Ich bemühe mich konsequent darum.
- *Respekt* und *Verantwortung:* Ich kenne die Grenzen meiner Freiheit.

Man kann diese guten Eigenschaften auch Tugenden nennen. Das klingt ein bisschen altmodisch, ist aber hochaktuell: Im Griechischen nennt man Tugend »arete«, das mit Tauglichkeit und Tüchtigkeit übersetzt werden kann. Im Lateinischen kommt es von »virtus« – Stärke und Tapferkeit. Für Aristoteles waren Tugenden der Schlüssel zum glücklichen Leben. Womit er ganz recht hatte.

Tugenden fallen einem nicht in den Schoß. Man muss sie erlernen, sie sich vielleicht sogar mühsam erarbeiten. Sie ständig üben und trainieren. Eine Tugend hat man erst dann wirklich intus, wenn sie selbstverständlich geworden ist, wenn man sich nicht mehr ständig bewusst darum bemühen muss. Gut, wenn man früh damit beginnt! Zu spät ist es aber nie. Unlängst stellte ich einem fünfzigjährigen Mann eine Spanisch sprechende Verwandte vor. »Oh – Spanisch … das kann ich noch nicht«, sagte er. Er sagte nicht: Das kann ich nicht. Er sagte: *noch* nicht! Ich glaube nicht, dass er vorhatte, Spanisch zu lernen. Aber er drückte seine Lebenseinstellung damit aus, und davon können wir uns etwas abschauen.

Ohne Tugenden ist man wie ein Stück Treibholz. Tugenden schaffen Freiräume. Ein tugendhafter Mensch steht auf festen Beinen. Nicht meine Angst entscheidet, nicht meine Sehnsucht, nicht meine Abhängigkeit, nicht mein Wunsch nach Annehmlichkeiten oder Zärtlichkeit bestimmen mich – sondern *ich selbst!* Dann bin ich nicht mehr zerrissen, sondern ganz. Dann besitze ich mich selbst – und kann lieben und Beziehung leben. Dann kann ich für einen Ehepartner, für Kinder, für andere da sein. Aristoteles hatte sicher recht: Jede Spezies ist am glücklichsten, wenn sie das macht, was sie von anderen unterscheidet. Für den Menschen ist das die Fähigkeit, zu verstehen und nach dieser Einsicht zu handeln. Dazu schaffen Tugenden den Freiraum und machen uns zu »echten« Menschen.

Diesen kleinen Ausflug über den Kindergarten in die Welt der Tugenden habe ich wegen Anita gemacht. Am liebsten würde ich zu Anita sagen: »Siehst du denn nicht, dass du kostbare Zeit vergeudest? Dass du den richtigen Vater für dein Kind nicht finden kannst, wenn es Angst ist, die dich steuert? Wenn dich deine Schwäche lähmt? Breite deine Flügel aus, Adler, und flieg! Dort, Anita, muss dein Neuanfang liegen. Alles andere kommt von selbst.« Das geht dir zu schnell? Okay, dann lass uns noch einmal die acht Ziele aus dem Kindergarten durchchecken und schauen, was sie für Anita bedeuten könnten:

Bescheidenheit: Ich will dich wirklich nicht einladen, zurückzumutieren zum Mauerblümchen. Aber die Kirschtorte ist es auch nicht. Ich glaube, dass Männer das bisschen *too much* sofort heraushaben und auf die optische Einladung falsch reagieren. Im Grunde ist es ein Zeichen von Schwäche, zu viel Bereitschaft zu signalisieren. Ein Mensch, der stark ist, steht zu sich. Er kaschiert und drapiert nicht übermäßig und brezelt sich nicht ohne Ende auf. *Less is more,* Anita.

Stärke: Stärke resultiert aus der Gewissheit, dass man Reserven hat. Du bist unendlich viel wert, und deine Liebe ist ein Geschenk. Verschleudere dich nicht, Anita! Ja, die Ungewissheit tut weh. Wann werde ich *meinen* Mann finden? Werde ich ihn *überhaupt* finden? Solange dich die Angst steuert und du dich von ihr treiben lässt, wirst du ihn nicht finden. Das Geschenk der Liebe macht man bewusst und freiwillig. Man wirft es nicht auf die Straße. Deine Stärke, Anita, liegt darin: Als Mensch bist du auch ohne Mann komplett. Dein Leben kannst du auch alleine leben. Dein Glück hängt nicht von einem anderen ab. Männer suchen auch keinen Anhänger, sondern ein Gegenüber.

Selbstannahme: Als Jugendlicher lernt man sich selbst kennen. Man »probiert« sich selbst aus und testet, wie andere auf einen reagieren. Erwachsen werden heißt, die Wirklichkeit über sich selbst zu entdecken und anzunehmen. Das sind meine Stärken, das sind meine Schwächen. An dieser Sache muss ich noch arbeiten, in jener Situation immer aufpassen, denn da könnte mein Temperament mit mir durchgehen. Anita, du musst lernen, dich selbst zu *mögen.* Auch ohne das sexuelle Interesse deines Chefs und ohne die hingebungsvolle Liebe deines Jugendfreundes sollst du wissen, dass du gut und wertvoll bist.

Nächstenliebe: Hey, es gibt nicht nur dich auf dieser Welt! Schau mal kurz von deinem Nabel auf, und denke dich in andere hinein. Wie geht es anderen mit den Dingen, die du machst? Wir sind nicht nur für uns selbst verantwortlich. Hast du dir schon einmal überlegt, Anita, wie es denen geht, die du für deine Befindlichkeit gebrauchst oder die von deinen Launen betroffen sind? Zum Beispiel deinem Jugendfreund, den du an der Leine hältst, oder der Frau deines Chefs?

Gutes Urteilsvermögen: Weißt du eigentlich, Anita, was gut für dich ist? Oder soll ich fragen, ob du es überhaupt wissen willst? Du wünschst dir eine eigene Familie gemeinsam mit einem Mann, den du lieben kannst. Meinst du denn wirklich, dass auf dem Weg dorthin ein Verhältnis mit einem schon vergebenen

Mann eine gute Idee ist? Ein gutes Urteilsvermögen ist notwendig, um die langfristig richtige Entscheidung zu treffen, selbst wenn sie sich als kurzfristig unannehmbar präsentiert.

Klugheit: »Zum Segen des Glücks bekennen sich nur die Unglücklichen. Die Glücklichen führen alle ihre Erfolge auf Klugheit und Tüchtigkeit zurück«, schrieb Jonathan Swift. Ja, Anita, die Klugheit zeigt dir den richtigen Weg. Sie lässt sich aber auch leicht verjagen. Von Angst zum Beispiel. Oder von einer lockenden Vergnügung. Da gibt es Dinge, die im Moment so großartig wirken, dass du ein Königreich dafür geben würdest. Ein Stück Schokolade kann diese Wirkung auf einen Diät-Haltenden haben. Eine Zigarette auf jemanden, der gerade mit dem Rauchen aufhört! Ein paar Stunden Geborgenheit auf den Einsamen. Aber eine Fata Morgana ist immer ein schlechter Ratgeber. Halte dich an der Klugheit fest, egal wie schön die Sirenen singen.[33]

Beharrlichkeit: Ich habe dich zerrissen erlebt, Anita. Du siehst am Horizont das Gute, streckst deine Hand

---

33 In der griechischen Mythologie sind die Sirenen Fabelwesen, die Menschen durch ihren überirdisch schönen Gesang betören und zu sich locken, um sie zu töten. Odysseus ließ sich am Mast seines Schiffes anketten und der Besatzung die Ohren mit Wachs verstopfen. So konnte er den Sirenen in scheinbarer Sicherheit zuhören. Als er aber ihren Gesang vernahm, wollte er nichts mehr, als zu den Sirenen zu gelangen. Er wurde fuchsteufelswild und befahl seinen Leuten ihn freizulassen und sofort ans Ufer zu fahren. Er drohte ihnen die schlimmsten Dinge an. Gut, dass ihn seine Besatzung gar nicht hören konnte, und so fuhren sie sicher an der Gefahr vorbei. Klug war Odysseus gewesen, als er sich auf die Situation vorbereitet hatte!

danach aus – aber dann kommt dir ein anderer Gedanke in den Sinn. Etwas, das näher ist und im Vergleich gar nicht so schlecht aussieht. Aber du hast nur *ein* Leben. Manchmal musst du dir gegenüber grausam sein, um dein Ziel zu erreichen. Ein Berg kann sich in die Länge ziehen, wenn man zu Fuß unterwegs ist. Aber man weiß, wie schön der Gipfel ist, und geht weiter. Gib nicht auf, Anita, lass dich nicht ablenken: Du bist diese Anstrengung wert.

Respekt und *Verantwortung:* Niemand von uns lebt allein auf einer Insel. Niemand ist davon ausgenommen, mit anderen Menschen in irgendeiner Form zusammenzuleben. Da ist es wichtig, die Grenzen der eigenen Freiheit zu kennen. Aus Respekt und weil wir alle irgendwie füreinander auch verantwortlich sind. Anita, »begehre nicht den Mann einer anderen«! Und denke an die Verantwortung, die du dem anderen Freund gegenüber hast – damit er weiß, woran er ist, und weiterleben kann. Und denke auch an die Verantwortung gegenüber dir selbst … Was du heute tust, soll dir das Morgen nicht unmöglich machen!

Anita wird ihren Weg finden. Und egal, wie ähnlich dein Weg dem ihren ist: Die genannten Tugenden sollen auch dein Leuchtturm und deine Stärke sein.

Tugend ist die Leichtigkeit im Tun des Guten. Logischerweise ist das Üben der Tugenden keine alleinige Aufgabe für Singles! Als Single kann man sich aber sehr bewusst dazu aufmachen. Um Ehepartner und Kinder lieben zu können, muss man sich selbst besitzen. Denn lieben heißt, sich selbst zu verschenken, und niemand kann geben, was er nicht besitzt.

Alles rund: Struktur im Leben haben

In manchen Regionen sagt man: »Ich bin unrund.« Das ist keine Aussage über Körpermaße. »Unrund sein« bedeutet, dass etwas im eigenen Leben aus dem Lot gekommen und nicht so ist, wie es sein sollte. Ob man diesen Begriff nun mag oder nicht, er illustriert jedenfalls implizit auch die Grundvoraussetzung, die man haben muss, um »rund« sein zu können: eine abgerundete Persönlichkeit.

Elisabeth, eine jugendliche Verwandte, verbrachte unlängst den Sommer bei uns in Wien. Sie war in Lateinamerika aufgewachsen, wollte endlich Europa kennenlernen und Deutsch lernen und zog für zwei Monate bei uns ein. Elisabeth ist hochintelligent, sieht gut aus und nennt sich selbst »Tanzengel«. Kein Wunder, in ihrem Gymnasium hat sie Tanzstunden »wie Mathematik«. Zwei neue Tänze pro Semester, ein moderner und ein traditioneller. Zu Hause hängen die Zügel locker. Wenn jemand Hunger hat, schickt man einen Boten auf den Markt. Gemeinsam gegessen wird nur selten. Wer am Abend nicht müde ist, bleibt auf und sieht fern. Bei uns verplemperte Elisabeth die Nachtstunden mit Internetsurfen. Danach schlief sie in ihren Straßenkleidern ein und wachte erst mittags wieder auf. Sie sah aber nicht auf die Uhr und begann um zwölf zu frühstücken, als ihr Deutschkurs schon begonnen hatte. Sie kam vom Deutschkurs zurück, aß zu Mittag und ließ ihren Teller stehen, bis ich ihn am Abend wegräumte. Sie hatte nicht gelernt, sich nützlich zu machen, sich zu organisieren oder auf die einfachsten Dinge des Zusammenlebens zu achten.

Eine abgerundete Persönlichkeit? Begabt, attraktiv, keine Frage, aber hier fehlt doch Struktur! Am einfachsten ist es, dies in der sprichwörtlichen »guten Kinderstube« zu lernen. Aber Elisabeths Vater war immer unterwegs und ihre Mutter mit Freundinnen beschäftigt.

Als ich 24 Jahre alt war, besuchte ich meine ins Kloster eingetretene Großtante in ihrem Konvent und verbrachte ein paar Tage in stiller Andacht. Nach meiner Abreise erhielt ich diesen Brief von ihr: »Liebe Gudrun, danke für Deinen Besuch. Ich muss Dich aber auf etwas Wichtiges hinweisen: Bitte vergiss in Zukunft nicht mehr, Dein Bettzeug abzuziehen, wenn Du ein Zimmer verlässt. Es ist ein Zeichen der Wertschätzung. Deine Tante Sr. Maria.«

Das habe ich mir gemerkt. Seitdem ziehe ich immer und überall das Bettzeug ab. Es sind nur ein paar Handgriffe, aber die bedeuten: Ich sehe, dass ihr für mich viel getan habt. Ich würde gerne mehr tun, aber das könnte die Dinge verkomplizieren. Ihr seid mir wichtig, darum denke ich daran, dass ihr mit meinem Besuch Umstände hattet, und ich danke euch dafür.

Elisabeth muss in ihr Leben Struktur bringen, bevor sie für die Liebe bereit ist. Sie muss sich in die Hand nehmen, Ordnung schaffen innen und außen, den Blick auf ihre Umwelt richten. Sonst versinkt sie in der klebrigen Gedankenlosigkeit der seichten Unterhaltung, die ihr den Fühler für die Menschen raubt. Sonst zieht die Trägheit sie langsam und unaufhaltsam hinunter zu einer noch größeren Trägheit, in der Talente ersticken und verkommen.

Schon mal gehört? Auf Mallorca vielleicht? Ich finde diesen Satz menschenverachtend. Er impliziert, dass in jedem »eine Wildsau« – was für ein Wort für einen Menschen! – steckt, die eben leider in unserer strengen, überformalen Welt gegen unseren Willen im inneren Käfig bleiben muss. Im Urlaub endlich darf das wahre Ich ans Tageslicht. Dann trinkt man bis zur Bewusstlosigkeit, wälzt sich im Dreck und geht mit irgendeinem anderen Tier ins Bett, neben dem man am nächsten Tag überrascht – wer ist denn das? – und mit Kopfweh aufwacht. Nein, das ist kein richtiges Menschenbild: Es wohnt nämlich keine wilde Sau in uns.

Es gibt Menschen, die nicht so sehr an die wilde, sondern eher an eine zivilisiert-emotionale Sau glauben. Sie meinen, dass jedes Gefühl, das in einem aufsteigt, seine Berechtigung hat und »rausgelassen«, ausgesprochen oder ausgelebt werden muss. Ein Gefühl kann ja nicht lügen, oder? Viele denken heute so – und das ist fatal.

Es gibt Frauen, die ihren Mann täglich mit ihrer Gefühlsachterbahn verunsichern. Mal ist er der Held, mal Abschaum – alles wird ihm an den Kopf geworfen. Und es gibt Männer, die ihre Frau betrügen, weil ihnen vorübergehend jemand anders gefällt – aber »es ist ja nicht meine Schuld, es war das Gefühl oder die Schwierigkeiten zu Hause und so weiter«. Es gibt Menschen, die keinen Blick für ihre Nächsten haben, weil sie sich um jeden Preis selbst verwirklichen wollen: »Ich habe ja nur ein Leben, oder?« Sie kommen den Menschen ihres Umfelds nicht entgegen, denn »ich bin, wer ich bin. Wer mich nicht so mag, wie ich bin, der mag mich gar nicht!« Ebenso gibt es jähzornige Menschen, die zumindest verbal wild um sich schlagen – und meinen, es müsse so sein, um keinen Magenkrebs zu bekommen.

Gefühle als alleinige Rechtfertigung einer Handlung zu sehen greift sehr kurz. Ein Gefühl kann ein Kompass sein. Aber um es als absolut zu nehmen, setzt es sich aus zu vielen unwichtigen Dingen zusammen. Ein Gefühl kann davon abhängen, wie ausgeschlafen man ist. Wie gut man gegessen hat – besonders Männer werden kurzatmig, wenn sie hungrig sind. Wie wohl man sich in seinem Körper fühlt. Oder wie das Wetter ist – denn nach einer Woche Regen ist es nicht abwegig, eine Sinnkrise zu bekommen!

Um sich selbst in Besitz zu nehmen, muss man die eigenen Gefühle unter Kontrolle bekommen und darf sich nicht von ihnen steuern lassen. Das beginnt damit, dass man sie nicht mehr ganz so ernst nimmt und ihnen nicht nachgibt. Einen kühlen Kopf bewahren, nennt man das! Irgendwann ziehen die Gefühle dann nach und pendeln sich ein … der Sieger bist du – und all jene, die du durch deinen Selbstbesitz nicht mehr verletzt, sondern aufbaust.

Sich Tugenden aneignen

Zuerst die schlechte Nachricht: Es gibt keinen »Obelixeffekt!« Der Zaubertrank, der einem ohne weiteren Aufwand alle wichtigen Tugenden verleihen könnte, wurde noch nicht erfunden.

Nun die gute Nachricht: Echtes Bemühen bringt echte Früchte. So gibt es im inneren Leben keinen Stillstand. Hier ein paar kleine Wegweiser:

Diagnose: Mit welchem Charakterzug habe ich Probleme? Welche Tugend muss ich besonders üben? Manchmal weiß man das selbst gar nicht so genau. Freunde sehen einen klarer – aber sie sind oft zu vorsichtig und rücksichtsvoll, um uns direkt darauf anzusprechen. Offene Gespräche und genaues Hinhören auf Freunde und Umfeld lenken unsere Aufmerksamkeit dann aber doch auf den fehlenden Puzzleteil. Wir werden nicht umhinkommen, zwischen den Zeilen zu lesen und uns selbst gegenüber sehr kritisch zu sein.

Kleine Schritte machen: Der Tod aller guten Vorsätze sind zu viele gute Vorsätze. Wir nehmen uns vor, an einem bestimmten Tag eine bestimmte Sache nicht oder anders oder besser zu machen. Wenn es klappt, nehmen wir es uns nochmals vor – und dann nochmals und noch ein bisschen länger. Auch ein kleiner Erfolg ist ein Erfolg!

Verzicht üben: Ein Wurzelproblem ist der Egoismus. Ich, meiner, mir, mich – sonst hat sich keiner gemeldet! Den Egoismus bekämpft man am besten durch Verzicht. Ein alter Brauch ist der Schlüssel zum Verzicht: das Fasten! Was hat Gott davon, wenn ich in der Fastenzeit kein Bier trinke oder an Freitagen keine Süßigkeiten esse? Genau das: Es macht aus mir einen tugendhaften Menschen, der aus Liebe auch mal nein sagen kann. Meiner Erfahrung nach wandelt uns der Verzicht nur dann wirklich zum Guten, wenn er *freiwillig* ist. Wenn es auf der Insel, auf der die Schiffbrüchigen gestrandet sind, keine Schokolade gibt, wird sie der Verzicht darauf nicht bescheidener machen. Wenn wir es aber schaffen, eine Tafel weiße Schokolade mit Haselnüssen oder eine dunkle mit

Orangengeschmack als kleines Zeichen der Liebe zu Gott nicht aus ihrem Versteck zu holen, hat dies eine weit größere Wirkung, als uns auf den ersten Blick bewusst ist.

Eine weise Begleitperson: Eine große Hilfe ist ein Mensch, der einen gut kennt und den man in puncto »Tugenden erlernen« autorisiert, einem Rechenschaft abzuverlangen. Wir werden uns allein ihm zuliebe noch mehr bemühen. Und wenn nicht ihm *zuliebe,* dann zumindest, weil uns ihm gegenüber das Scheitern oder nochmalige Scheitern *peinlich* wäre. Auch so ein Gefühl ist eine Hilfe! Christen nennen so eine Beziehung »geistliche Begleitung«. Katholiken sind gut beraten, einen »Beichtvater« zu finden, der sie über viele Jahre hinweg begleitet, sich nichts vormachen lässt und sie immer wieder auf das hinweist, was wirklich wichtig ist.

Negative Gedanken loswerden

Meine Eltern trennten sich nach sechzehn Jahren Ehe, drei Kindern und einem furchtbaren Rosenkrieg. Meine Mutter sagt heute: »Mein Schicksal war vielleicht emotional schmerzhafter als das eines Singles, der niemanden gefunden hat. Aber ich habe euch drei.«
Sie hatte alles daran gesetzt, die komplizierte Beziehung zu retten. Aber eines Sommers ertappte eine Tante meinen Vater mit einer Zwanzigjährigen. Aufgeflogen, packte dieser kurzerhand das Vermögen in einen Koffer, die Freundin an der Hand – und übersiedelte in die Karibik. Dort ist er heute noch. Meine Mutter stellte sich beim Sozialamt um Unterstützung an, ging durch eine Schule des Feuers und wurde eine Frau des Gebetes.
Im ersten Jahr kämpfte sie gegen Gedanken des Hasses und der Rache. Den Höhepunkt erreichte sie nach einem Jahr, als sie mit meinen Geschwistern nach Kroatien zum Camping fuhr. Am Campingplatz urlaubten fast ausschließlich Familien. Begeisterte Kinder, glückliche Eltern. Sie stellte ihr Zelt alleine auf. Die Konfrontation mit der heilen Welt und ihre von Kindheit an stets gegenwärtige Sehnsucht nach einer intakten Familie ließen das Fass überkochen. In ihrer Verzweiflung schlug sie die Bibel auf und fand dort die Weisung: »Saget Dank allezeit.« Logischerweise musste »allezeit« auch ihre derzeitige Verfassung bedeuten. Gott für diese Misere danken? Wie sollte denn das gehen? Da erinnerte sie sich an das einfache Gebet »Ehre sei dem Vater und dem Sohn und dem Heiligen Geist, wie im Anfang, so auch jetzt und allezeit.« Sie

begann, bei jedem Gedanken des Zorns, der Auflehnung, jedem Gefühl der Verzweiflung und der Einsamkeit ein »Ehre sei dem Vater« zu beten. An vorformulierten Gebeten kann man sich in Krisenzeiten festhalten. Darum sollte man sie als Kind in der Religionsstunde auswendig lernen! Jeden Stich im Herzen, jeden Schmerz leitet sie also schnurstracks nach oben um und transformierte ihn so vom Negativen ins Positive. Dieser Urlaub in Kroatien wurde einer der schönsten ihres Lebens, erzählt sie heute. Das Lob- und Dankgebet war ihre wirkungsvollste Waffe gegen den Schmerz ... und nach wenigen Monaten war er verschwunden.

Ein unglücklicher Single verspürt keinen vergleichbaren Zorn. Aber jede Unzufriedenheit, jede sehnsüchtige Regung, jedes Hadern, jede Einsamkeit, jede Angst kann mit einem einfachen Anerkennen der Größe Gottes und einer dankbaren Annahme seines oft unverständlichen Planes nach oben geschickt werden. Anstatt Frau Holles Gold fällt dann Gottes »Gold« herab – und die Glücksmarie bist du.

Verzeihen lernen

Für viele endet die christliche Nächstenliebe dort, wo sie sich in ihren vermeintlichen »Rechten« verletzt fühlen. »Hey, ich war zuerst da, drängen Sie sich nicht vor!«, kommt uns erschreckend leicht über die Lippen. Mag schon sein, dass der andere unhöflich war. Aber wir müssen ihn nicht erziehen, und das Gebot der Nächstenliebe schließt nicht nur Freunde ein. Das gilt übrigens auch beim Autofahren und Parkplatzsuchen!

Es ist leider ganz »normal«, dass wir da oder dort ungerecht behandelt werden. Dass sich ein Kollege falsch verhält. Dass uns ein Freund enttäuscht. Das kommt von außen, und man kann es selbst nicht steuern. In der eigenen Verantwortung liegt nur, wie man darauf reagiert. Es gibt Menschen, die aus Gram und Ärger nicht aufhören können, um das Erlebte zu kreisen. Sie verkrampfen sich, werden unfrei und tun sich selbst unendlich leid. Wie aber aus diesem Strudel ausbrechen?

Wichtig ist es, erstens, *nach vorne zu schauen.* Was passiert ist, ist passiert. Früher oder später kräht kein Hahn mehr danach. Räume die alte Sache einfach weg. *Move on!* Von alten Schutthaufen muss man sich trennen können, sonst hat man keinen Platz zum Leben! Viele haben eine Reihe von alten Bekannten, denen sie schon jahrelang etwas nachtragen. Von den Beteiligten kann sich dann meist niemand mehr an die Details des Vorfalls erinnern. Nur dass man beleidigt ist, weiß man noch. Wir sollten dem vielen Wasser, das die Flüsse hinunterfließt, unseren ganzen Ärger mitgeben.

Zweitens müssen wir *aufhören, Gerechtigkeit zu erwarten.* Das Leben ist nicht gerecht, und die Menschen sind es nicht. Wir sind auch nicht für alles verantwortlich, sondern nur für uns selbst.

Drittens tun wir gut daran, *uns selbst nicht zu sehr leidzutun.* »Unrecht tun ist schlimmer als Unrecht leiden«[34], legt Platon Sokrates in einem seiner berühmten Dialoge in den Mund. Für Platon ist somit der Hauptleidtragende an einer Ungerechtigkeit nicht das Opfer, sondern der Täter! Seien wir nicht zu wehleidig.

---

34 Sokrates bei Platon, Gorgias 473 a.

Viertens, eine Bosheit ist *meist »nicht bös gemeint«*. Sie geschieht oft aufgrund von Unwissen, Unreife oder aufgrund von früheren Verletzungen. Mitleid und Barmherzigkeit sind deshalb eine angemessenere Antwort als Ärger.

Fünftens, *denken wir an Stephanus*. Ein junger Mann voller Elan und Hoffnung, mit großen Plänen in seinem Leben. Da spricht er über Gott in einer neuen Weise, die seinen Zeitgenossen missfällt. Sie nehmen Steine in die Hand und bewerfen ihn damit. Er hätte allen Grund gehabt, diese intoleranten Menschen zu hassen! Und was wäre naheliegender, als zu sagen: »Gott, zeig es ihnen! Spätestens, wenn sie sterben! Lass sie in der Hölle schmoren, damit sie wissen, wie ungerecht sie waren!« Ich fürchte, ich hätte das so gesagt. Stattdessen ruft er sterbend aus: »Rechne ihnen diese Sünde nicht an!« … was für Stephanus so viel heißt wie: »Schenke ihnen im Himmel ewige Freude!« Viele große Menschen haben es ihm nachgemacht. Und da sollten wir es nicht schaffen, viel Unwesentlicheres zu verzeihen?

Die Kette des Bösen durchbrechen

Jeder hat es schon erlebt. Schlechte Stimmung überträgt sich. Der Chef staucht seinen Angestellten zusammen. Dieser geht nach Hause und ist ruppig zu seiner Frau. Seine Frau schimpft die Kinder. Die Kinder lassen ihren Ärger am Hund aus. Der Hund läuft auf die Straße und beißt … den Chef! Das Negative, das Böse will weitergegeben werden. Auf jeden Schuss möchte ein Schuss folgen. Das ginge immer so weiter, wenn nicht irgendwo jemand die Kette großmütig unterbricht. Indem zum Beispiel der Angestellte sagt: »Was kann denn meine Frau dafür? Ich werde heute besonders nett zu ihr sein.«

Das ist gar nicht so schwierig, einmal war ich selbst ganz überrascht: Als ich nach meinem Abitur zwei Monate lang in Moskau mit armen Leuten arbeitete, bekam ich wenig Nachrichten aus der Heimat. Wir hatten noch kein Internet (oho, wie alt klinge ich jetzt?), da ratterte plötzlich unvermutet ein Fax ins russische Zuhause. Die anfängliche Freude verflog schnell. Es stammte von einem guten Bekannten, einem Choleriker, der sich wegen irgendeiner unwichtigen Sache in Tiraden gegen mich erging. Ich war nahe dran, in gleicher Weise per Fax zurückzuschießen. Aber etwas war klüger in mir und aus meiner Retourkutsche wurde ein allerfreundlichster Gruß! »So schön, von Dir zu hören! Bin ja so weit weg von zu Hause! Geht es Dir auch gut? Die besagte Sache werden wir im Herbst in einer Weise lösen, dass alle zufrieden sind. Ich freue mich schon auf unser Wiedersehen!« und so weiter. Gewonnen! Das nächste Fax war voll von Freundschaft und gutem Willen. Und im Herbst? Da war die ganze Sache schon wieder hinfällig.

Neid loswerden

Wir sind ständig in Gefahr, uns mit anderen zu vergleichen. Aber wissen wir wirklich genug, um uns vergleichen zu können? Wir sehen nicht in andere hinein und haben keine Vorstellung davon, mit welchen Schwierigkeiten und Problemen sie kämpfen. Wer redet denn schon offen darüber?

Die schöne, gescheite Bekannte mit dem tollen Job,

der alles wie von selbst zufällt, die auf der Sonnenseite lebt, wer weiß, wie es in ihrem Herzen wirklich aussieht? Wer weiß, was noch kommen wird? Schicksalsschläge, Krankheiten, unerfüllte Wünsche – was wissen wir schon vom anderen und über die Zukunft?

Wir halten uns also daran fest, dass Gott weiß, was er wem schenkt, was er ihm zumutet und abverlangt. Und in unserem Kopf müssen wir beschließen, uns über alles Gute, das über jemanden kommt, ungetrübt zu freuen, auch wenn wir selbst noch nicht wissen, wie es mit uns weitergeht. Das macht frei – und attraktiv.

Einen eigenen Maßstab finden

Manche Menschen kreisen konstant um die Frage, was andere über sie denken. Sie haben große Angst davor, nicht gut anzukommen. Es fehlt ihnen an Selbstbewusstsein. Es fehlt ihnen ein *Maßstab*, eine eigene Ziel- und Wertvorstellung, die sie an sich anlegen können, und so nehmen »die anderen« diesen Platz ein.

»Die anderen« sind aber nicht sehr begabt als Maßstab. Aristoteles schreibt, dass die menschliche Anerkennung *wie das Wetter* ist. Mal ist es sonnig, mal bewölkt, einmal ist das eine in Mode, ein anderes Mal etwas anderes. Das taugt nicht als Maßstab!

Christen kennen einen ganz besonderen Maßstab: »Ist diese Sache gut in Gottes Augen?« Alles andere fällt dann von selbst an seinen Platz. Wer sich nicht sicher ist, was in Gottes Augen gut ist, der könnte es einfach das *Prinzip der Liebe* nennen. »Ist diese Sache für oder gegen die Liebe?« Respekt vor anderen und vor sich selbst und die Achtung der Menschenwürde

sind in dieser Formulierung automatisch mit einge-
schlossen.

Die französische Autorin Jo Croissant schrieb einmal: »Befreien wir uns vom Blick der anderen, der uns
tötet.« Was genau tötet dieser »Blick der anderen«?
Ich glaube, sie meint, dass die Freiheit, so zu handeln,
wie man es für richtig hält, davon getötet wird. Und
die eigene Persönlichkeit, denn sie wird von Unsicherheit zermalmt. Befreien wir uns also vom Blick der
anderen!

Nicht unter dem Eindruck starker Emotionen handeln

Während wir daran arbeiten, unsere Gefühlsregungen
unter Kontrolle zu halten, ist es ebenso wichtig, uns
nicht unsere Handlungen von diesen Gefühlen diktie-
ren zu lassen.

Eugen Roth beschreibt in einem berühmten Gedicht, wie ein triefender Liebesbrief in einer lauen Sommernacht geschrieben und aufgegeben wird. Die Angebetete bekommt ihn vom Briefträger am Frühstückstisch zugestellt. Seine nächtliche Emotion kann sie neben Brötchen und Zeitung nicht nachvollziehen. Und was dann passiert, klingt so:[35]

Ein Mensch schreibt mitternächtig tief
An die Geliebte einen Brief,
Der schwül und voller Nachtgefühl.
Sie aber kriegt ihn morgenkühl,
Liest gähnend ihn und wirft ihn weg.
Man sieht, der Brief verfehlt den Zweck.
Der Mensch, der nichts mehr von ihr hört,
Ist seinerseits mit Recht empört
Und schreibt am hellen Tag, gekränkt
Und saugrob, was er von ihr denkt.
Die Liebste kriegt den Brief am Abend,
Soeben sich entschlossen habend,
Den Menschen dennoch zu erhören –
Der Brief muss diesen Vorsatz stören.
Nun schreibt, die Grobheit abzubitten,
Der Mensch noch einen zarten dritten
Und vierten, fünften, sechsten, siebten
Der herzlos schweigenden Geliebten.
Doch bleibt vergeblich alle Schrift,
Wenn man zuerst danebentrifft.

Wir merken uns: Achtung vor starken Emotionen. Die Wirklichkeit präsentiert sich uns immer mit einer Fär-

---

35 Eugen Roth, Gezeiten der Liebe, aus: »Ein Mensch. Heitere Verse«, München 1935.

bung oder durch eine Stimmung. Wenn die Stimmung überhandnimmt, sollten keine wichtigen Entscheidungen getroffen, keine Verträge unterschrieben, keine E-Mails abgeschickt und auch sonst nichts »Bleibendes« gemacht werden.

Das Wörtchen »HALT« beinhaltet diese Vorsichtsmaßnahme im Englischen: HALT, *»when you are Hungry, Angry, Lonely or Tired«*.

Partnerschaftsfähig sein

Beziehungsfähig, liebe Leserin, lieber Leser, ist jeder, auch ein Baby. Schwieriger ist es schon zu beantworten, ab wann man partnerschaftsfähig ist.

Die Antwort ist überraschend einfach. Sie besteht nämlich nur darin: *Partnerschaftsfähig ist man, wenn man sich selber mag, und wenn man sich selber nicht mehr als das Allerwichtigste sieht.*

Ein Pubertierender muss sich selber finden. Er *muss* um sich selbst kreisen! Erwachsen ist, wer die eigene Identität mehr oder weniger »gefunden« und angenommen hat. Kreise zieht man dann nicht mehr nur um sich selbst, sondern in erster Linie um andere Menschen – oder um einen anderen Menschen, um eine bestimmte Sache und um Gott.

Apropos sich selber mögen: Ich fragte den Münchner Priester Tilmann Beller einmal: Hat ein Christ eine attraktivere Ausstrahlung als ein Nicht-Christ? Seine Antwort: Nur wenn er sich selber mag.[36] Erstaunlich, nicht wahr? Aber das ist sehr gescheit – ja, Christsein macht attraktiv, aber man muss die mögliche Attraktivität erst selbst *anwenden*, wie ein App am iPhone! Abspeichern alleine reicht nicht aus.

---

36 Die Autorin im Gespräch mit Tilmann Beller in »Unterwegs zum Du«, unveröffentlichtes Manuskript 2010.

Zum Selbsttest nun ein paar Fragen zur Partnerschaftsfähigkeit:

- Bin ich mir selbst gegenüber *gelassen?* Kann ich mir gegenüber manchmal sagen: »und wenn schon«?
- Kann ich mich über Gutes freuen, auch wenn ich selbst nichts davon habe?
- Kann ich echte Freundschaft leben, auch wenn es heißt, einmal für den anderen etwas zu tun, bei dem nicht sofort etwas für mich abspringt?
- Kann ich auf Annehmlichkeiten freiwillig verzichten, damit es ein anderer besser hat? Das größere Stück Kuchen auf den Teller des anderen legen?
- Will ich meine Ruhe haben, oder möchte ich, dass es anderen Menschen gutgeht? Beschäftige ich mich damit, wie ich jemandem eine Freude machen könnte? Überlege ich bei meinen Unternehmungen, Haltungen und Aussagen, was dies für andere bedeutet?
- Kann ich im Team arbeiten und Schwierigkeiten ansprechen und bewältigen?
- Kann ich anderen Menschen Fehler verzeihen – nicht, damit ich überlegen bin, sondern damit den anderen *meine Güte erreicht?*
- Kann ich mit-leiden mit anderen, oder versteckt sich hinter meinem Mitgefühl Tratschsucht oder gar Überheblichkeit, weil es mir bessergeht?
- Nach einer gescheiterten Partnerschaft taucht irgendwann die Frage auf: Wann bin ich bereit für die nächste Beziehung? Wie lange muss ich warten? Auch hier gilt: Bis ich nicht mehr der Arme bin, der seine Wunden leckt und der um sein Leiden *kreist.* Wenn mich das mir Widerfahrene nicht mehr beleidigt und zornig, sondern weichherzig und verständnisvoll macht.

Um Gottes willen, werden nun viele ausrufen, wer ist dann noch partnerschaftsfähig? Gute Frage! Viele tun sich schwer damit: Die hohe Scheidungsrate ist kein Staatsgeheimnis. Bei diesen Gewissensfragen handelt es sich um *lifelong learning,* das wir nie abschließen oder beiseitelegen können. Sagen wir einfach, dass jedenfalls die Richtung stimmen muss.

Zu viel Theorie? Also gut, zwei Geschichten zur allgemeinen Auflockerung, ein gutes und ein schlechtes Beispiel. Zuerst das gute:

Abraham hatte bekanntlich einen Sohn namens Isaak. Für ihn war er auf der Suche nach einer guten Frau, schließlich erwartete er Nachkommen so zahlreich wie der Sand am Meer. Etwas ungewöhnlich für unsere Standards, sandte Abraham seinen ältesten Diener in das Land seiner Herkunft, um die richtige Frau zu suchen und mitzubringen. Mit Gottes Hilfe, versteht sich. So traf der Knecht am Brunnen von Nahors auf Rebekka:[37]

»... da kam Rebekka mit ihrem Kruge auf ihrer Schulter. Und das Mädchen war sehr schön von Ansehen, eine Jungfrau ...; und sie stieg zur Quelle hinab und füllte ihren Krug und stieg wieder herauf. Und der Knecht lief ihr entgegen und sprach: Lass mich doch ein wenig Wasser aus deinem Kruge schlürfen. Und sie sprach: Trinke, mein Herr. Und eilends ließ sie ihren Krug auf ihre Hand hernieder und gab ihm zu trinken. Und als sie ihm genug zu trinken gegeben hatte, sprach sie: Ich will auch für deine Kamele schöpfen, bis sie genug getrunken haben. Und sie eilte

---

37 Genesis 24,1–66

und goss ihren Krug aus in die Tränke und lief
abermals zum Brunnen, um zu schöpfen; und sie
schöpfte für alle seine Kamele. Und der Mann sah
ihr staunend zu …«

Wie erkannte der Knecht in Rebekka die richtige
Frau? »Ich will auch deine Kamele tränken«, sagte sie,
und machte den mühevollen Abstieg und ganz zu
schweigen vom Aufstieg mit schwerer Last nochmals.
Und wer weiß, vielleicht auch viele Male, denn zehn
Kamele kommen wahrscheinlich nicht mit einem
Krug aus. Sie tat weit mehr, als von ihr verlangt wurde,
ohne sich irgendeinen Vorteil davon zu versprechen.
In ihr war nur die Sorge um den anderen – nicht die
um ihre neuen Sandalen, ihre Muskelverspannungen,
ihren Zeitplan. Sie war das Gegenteil von wehleidig.
Sie dachte einfach nicht an sich! Und schwups, in ih-
rem ganzen Leben fällt alles, was wichtig ist, an seinen
Platz.

Beeindruckend finde ich den Mut und die Bereitschaft, dem Knecht in die unbekannte Ferne zu einem
ihr völlig fremden Mann zu folgen. Der Knecht möchte endlich aufbrechen, die Familie entscheidet:

»Lasst uns das Mädchen rufen und ihren Mund
befragen.« Und sie riefen Rebekka und sprachen
zu ihr: »Willst du mit diesem Manne gehen?«
Und sie antwortete: »Ich will gehen.«

Rebekka musste vor dieser Entscheidung nicht alle
Freundinnen durchtelefonieren. Sie kannte keine
Furcht, kein Zaudern, sondern war bereit zu gehen,
wie ein reifer Apfel. Warum? Sie war durch und durch
bereit für Partnerschaft: Sie war im Bewusstsein ihrer

Aufgaben im Leben aufgewachsen und nicht überrascht. Und sie war auf Gott hin hellhörig und fühlte, dass dies die richtige Entscheidung war. Von Rebekkas Gottvertrauen können wir uns alle ein Stück Torte abschneiden.

Und was ist dann passiert? Wir erfahren nur eines: Isaak »hatte sie lieb«. Recht hatte er!

Nun das schlechte Beispiel. Bei einer Singlefreizeit standen vier Tage Sport und Gemeinschaft auf dem Programm. Ich hatte ein wunderschönes altes Gebäude mit dicken Mauern und geschnitzten Balken gemietet. Ich hatte alle Zimmer bis auf eines vergeben. Für Zimmer 421 hatte ich zwei Damen aufgeschrieben, die einen Tag später anreisen wollten.

Leider war Nummer 421 aber das schönste der Zimmer. Es hatte ein großes Fenster in den Innenhof, einen besonders warmen Heizkörper und frei stehende Betten statt eines Stockbetts. Weil die Gruppe den ganzen Tag im Freien unterwegs war, hinterließ ich den beiden eine Nachricht: Sollten sie bei ihrer Ankunft auf niemanden treffen, könnten sie einfach dieses Zimmer beziehen. Nun stellte sich aber heraus, dass eine dritte Dame mit einer der beiden später kommenden Damen nächtigen und aus einem der anderen Zimmer wechseln wollte. So weit noch kein Problem. Aber keine der beiden von mir unvorsichtigerweise gemeinsam auf Zimmer 421 verwiesenen Damen wollte in ein »schlechteres« Zimmer gehen. Da entbrannte ein wüster Streit zwischen den drei Frauen. Keine wollte nachgeben, jede fühlte sich benachteiligt. Aus meinem Hinweis auf das einzige leere Zimmer hatte jede einen Rechtsanspruch abgeleitet. Als Konsequenz des Verzichts auf Zimmer 421 drohte man mit sofortiger Abreise.

Die beiden Freundinnen konnten schlussendlich nicht in einem gemeinsamen Zimmer wohnen, die beiden verspätet Angekommenen blieben unfreiwillig zusammen auf 421, und die Stimmung war verdorben. Ob die kleinen Vorteile des schöneren Zimmers die ganze Sache wert waren, ist eine andere Frage.

»Ich werde benachteiligt« ist ein Gedanke, der dem Kreisen um sich selbst entstammt. »Ich will das bessere Zimmer für mich und sehe nicht ein, warum ich in ein schlechteres ziehen sollte« ist gar nicht attraktiv und weist auch nicht auf ausgeprägte Partnerschaftsfähigkeit hin. So eine Einstellung ist das Gegenteil der christlichen Haltung, die unbemerkt und aus Liebe für sich selbst das schlechtere wählt.

Authentisch werden

Papst Johannes Paul II. schrieb einmal: »Reife heißt, dass die Oberfläche den inneren Grund erreicht.«[38] Für mich bedeutet dieser Satz, dass der Mensch während seiner »Reifung« authentischer wird. Und mit der Authentizität wird er sicherer und stärker. Aus dem Mädchen, das gefallen will, wird eine Frau, die in sich ruht. Aus dem Jungen, der spielen will, wird ein Mann, der Verantwortung übernimmt. Sich selbst in Besitz zu nehmen ist ein Reifeprozess, der authentisch macht – und *liebes-* und *partnerschaftsfähig.*

---

38 Auf Englisch: Maturity is the surface reaching the bottom. Quelle: »Myśli o dojrzewaniu« [Gedanken über das Reifen], aus Rozważanie o śmierci [Meditation über den Tod], in Wojtyła, Poezje i dramaty, pp. 91–92. Aufgegriffen in George Weigel, »Zeuge der Hoffnung, Johannes Paul II.«, Schöningh, 2002.

Kapitel 5
Wennschon – dennschon:
Ein Plädoyer
für den Trauschein

Warum eigentlich heiraten?

Als ich eines Tages meinen Bekannten Johannes anrief, saß er gerade in der U-Bahn. »Wohin fährst du?«, fragte ich ihn beiläufig. »Das wirst du nicht glauben: Ich habe zwei große Koffer dabei und fahre zu meiner Freundin. Ich ziehe bei ihr ein.« Ich dachte nur, wie traurig. Ist doch eigentlich ein wirklich großer Moment, ein wichtiger Schritt in seinem Leben – und Johannes sitzt alleine in der U-Bahn und telefoniert mit einer unbeteiligten Bekannten. Ist die Entscheidung für einen Lebenspartner wirklich so banal geworden? Einen Bräutigam hätte ich ein paar Stunden vor seiner Hochzeit nicht mit »Business as usual« belangt. Ich hätte ihm ein Geschenk und eine Glückwunschkarte geschickt und an seinem großen Tag mit Freude an ihn gedacht.

Jede Kultur kennt bestimmte Riten für die großen Schritte im Leben. In Lateinamerika wird gefeiert, wenn ein Mädchen fünfzehn wird. Die eigentliche Bedeutung dieser »Quinceañera« ist die Aufnahme der Jugendlichen in die Gemeinschaft der Erwachsenen. In Südafrika macht man das, wenn man einundzwanzig wird. Bei uns feiert man das Abitur, den Schulabschluss oder das erfolgreich bestandene Examen. Allen Kulturen ist die Hochzeit heilig. Man schließt vor aller Augen den Bund fürs Leben. Alle sollen es wissen: Wir gehören zusammen. Der Übergang von unverheiratet auf verheiratet ist spätestens nach dem großen Fest allen, und auch dem jungen Paar, glasklar. Es gibt ein »vorher« und ein »nachher«. Für Johannes in der U-Bahn sieht das anders aus.

Die Beziehung eines noch nicht verheirateten Liebespaars ist eine Beziehung »bis auf weiteres«. Es ist *legitimerweise* eine Probezeit. Danach kann die Liebe einen Schritt weiter gehen: Man entscheidet sich für ein Leben miteinander. Liebe braucht diese bewusste Entscheidung! Es genügt nicht, einfach in sie hineinzuschlittern. Liebe braucht Bindung, auf die man sich verlassen und an der man sich festhalten kann. Die Qualität der Liebe und die langfristige Stabilität einer Beziehung hängen von der Echtheit der Entscheidung und der Ernsthaftigkeit der Bindung ab.

Wenn sich zwei zusammentun, sollen es alle wissen. Dass diese beiden zusammengehören, ist eine wichtige Information für die Öffentlichkeit. Wenn dem einen etwas zustößt, muss der andere informiert werden. Wenn einer eingeladen ist, ist auch der andere gemeint. Wenn jemand einem von beiden ein Geheimnis anvertraut, geht er stillschweigend davon aus, dass es dem anderen mitgeteilt werden darf. Ja, die Entscheidung zur Liebe fürs Leben geht alle an! Sie wird eine gesellschaftliche Größe. Der Staat knüpft Rechtsfolgen daran. Die Liebe braucht die Hochzeit zur öffentlichen Manifestation!

Wenn Christen heiraten, gibt es einen Dritten im Bunde. Aber nicht etwa einen *Nebenbuhler,* sondern vielmehr einen *Zuspieler:* Gott. Das ist ein großes Plus für die Beziehung! Man gibt sich vor ihm das Versprechen, und dann geht man den Weg nicht mehr alleine. Man weiß, dass sich der Schöpfer darüber freut. Ja, so hat er sich das vorgestellt!

Wie schön, wenn man in der Gewissheit lebt, dass schon allein der normale Alltag, die selbstverständlichen Dinge des Zusammenlebens in Gottes Augen gut aussehen. Und dass es, wenn Schwierigkeiten auftauchen, jemanden gibt, dem man außer dem Ehepartner Rechenschaft schuldig ist. Und das ist jemand, der sich nicht mit Notlügen abspeisen lässt. Bei dem nur wirklich gute Argumente zählen.

Es kann Extremsituationen geben, in denen einer sich nicht mehr allein durch Rücksicht auf den anderen von einem Ehebruch oder einer anderen Verfehlung abbringen lässt. Aber seine Verantwortung vor Gott kann ihn dann vielleicht doch noch bremsen.

Johannes hat übrigens sechs Monate später den gleichen Weg mit den gleichen Koffern wieder angetreten. Nur in die andere Richtung. Viel Lärm um nichts, war sein Resümee. Besser ist es, sich das Ganze gut zu überlegen, eine Entscheidung zu treffen – und die Sache dann mit allem, was dazugehört, durchzuziehen.

Angst vor dem Heiraten?

Viele Menschen haben heute Angst vor dem Heiraten. Es scheint ihnen zu *endgültig* – wer weiß denn, was noch kommt? Bei manchen sind die Verletzungen aus der Kindheit oder aus früheren Beziehungen so groß, dass sie vor diesem Schritt zurückschrecken. Andere wiederum haben große Angst, so zu scheitern wie viele Paare in ihrem Umfeld.

Wer weiß, was noch kommt?

Wer so fragt, schreckt generell vor Entscheidungen zurück, besonders vor solchen mit Endgültigkeitscharakter. Wer kalte Füße kriegt, wenn er sich entscheiden soll, ist ebenso unsicher, wenn es darum geht, ein Haus zu kaufen, ein Studium zu wählen, einen Job anzunehmen. Denn wir tun natürlich auch oft Dinge, die sich im Nachhinein als nicht optimal herausstellen. Dennoch leben wir weiter, vielleicht ein bisschen ärmer, vielleicht mit etwas mehr Komplikationen. Aber schlussendlich ist es eigentlich einerlei.

Die Partnerwahl ist eine der weitreichendsten Entscheidungen, die man treffen kann. Aber man entscheidet sich dennoch nur für einen *Weggefährten*. Den Weg selbst legt man damit noch nicht hundertprozentig fest. Was auch immer passiert, wir halten zusammen. Ja, es kann sein, dass später – irgendwann – jemand kommt, der noch besser zu einem gepasst hätte. Aber man lebt auch gut mit dem einen, und ein reifer Mensch weiß, dass keiner von beiden den Himmel auf die Erde ziehen kann. Dass beide Stärken und Schwächen haben, dass mit dem einen das und mit dem anderen das andere besser funktioniert.

Man weiß nie, was kommen wird. Umso besser, wenn man sich auf einen guten Weggefährten, der zugleich Freund und Ehepartner ist, voll verlassen kann.

Ehe? Das kann nicht gutgehen!

Manche Beziehungen sahen vielversprechend aus, wurden aber von Angst zerstört: von Angst, dem anderen weh zu tun, oder der Angst, selbst verletzt zu werden, von Angst vor dem Scheitern. Diese Angst ist oft eine Konsequenz schlechter Erfahrungen. Insbesondere Frauen, die als Mädchen die Scheidung ihrer Eltern erlebt haben, oder junge Männer, die nicht enden wollende Streitereien und vielleicht sogar häusliche Gewalt erlebt haben, laufen Gefahr, aus ihrer Verunsicherung heraus die Entscheidung für einen anderen Menschen nie wirklich zu treffen, den Schritt zur Bindung nicht zu setzen.

Meine Freundin Doris hatte lange nach einem guten Mann gesucht. Und endlich! Mit 32 Jahren verlobte sie sich. Markus war der perfekte Mann für sie. Auch wir, ihre Freundinnen, waren begeistert. Drei Monate vor der Hochzeit verbrachten sie ein paar Tage bei seinen Eltern. Dort versteinerte er. Zwei Tage Schweigen, am dritten das Ende. Bis heute konnte sie sich von diesem Schock nicht erholen. Alle, die die beiden kannten, suchten nach einer Ursache, die in einem der beiden Partner begründet liegen musste. Aber da war nichts. Hier lag kein Gott sei Dank noch rechtzeitig genug erkannter Hindernisgrund für ein Miteinander, für eine gemeinsame Zukunft vor. Nein, Doris und Markus waren wie füreinander geschaffen.

Seine Eltern so kurz vor der eigenen Hochzeit zu erleben ließ alte Wunden in Markus aufreißen: Sein Vater war lange arbeitslos gewesen, alkoholkrank und depressiv. Er hatte die Mutter geschlagen und die Kinder misshandelt. Markus war deswegen jahrelang bei Psychotherapeuten gewesen. Die Erinnerung hatte ihn eingeholt und löste in ihm vor seinem eigenen großen Schritt Panik aus. Wir hoffen noch heute, dass er es sich anders überlegt und zu Doris zurückkommt. Sie würde ihn immer noch heiraten.

Ich möchte Markus sagen: *Wir sind nicht unsere Eltern.* Unser Schicksal liegt in unserer eigenen Hand. Wir müssen nicht streiten, wir müssen nicht trinken, wir müssen nicht schlagen! Es liegt an uns, wofür wir uns entscheiden und wie wir uns verhalten. Je besser wir uns selbst verstehen, desto besser können wir vorbeugen. Und ist es nicht Gott, der uns verändern kann? Der Geist Gottes, der alles neu macht?

Wenn du Markus' Angst selbst bei dir verspürst, konzentriere dich darauf, dass *du* deines Glückes Schmied bist und dass du die Fehler deiner Eltern nicht wiederholen wirst, wenn du nicht willst.

Scheidung – was, wenn es mich trifft?

Die Scheidungszahlen sind erschreckend hoch. Kein Wunder, dass sich ein netter junger Mann denkt: »Wenn es jeden Zweiten trifft, warum sollte ich nicht dabei sein? Scheidung heißt scheitern, und Scheidung heißt als Vater, seine Kinder zu verlieren. Nicht mit mir – das erspare ich mir lieber!«

Und er hätte auch recht mit dieser Analyse, wenn Scheidung ein russisches Roulette wäre. Dreimal drücke ich ab, eine Kugel ist drinnen. Ob es mich erwischt? Aber genau das stimmt nicht. Ob eine Ehe gelingt, hängt von den Ehepartnern selbst ab!

Eine wissenschaftliche Studie[39] gab folgenden Aufschluss: Bei den meisten Paaren, die sich später trennen, gibt es von Anfang an gewisse Anzeichen: In der Anzahl der erwünschten Kinder besteht keine Einigkeit. Beide Ehepartner stellen ihre Karriere über die Familie. Zu Kindern haben spätere Scheidungspaare häufig eine eher negative Einstellung, ebenso zu Religion, Kirche und den eigenen Eltern.

Diese Studie gibt mir Hoffnung. Sie sagt mir: Eine gelungene Ehe ist keine Hexerei, sondern liegt in der gemeinsamen Verantwortung der Ehegatten. Es gibt viele Dinge, auf die man achten und die man beeinflussen kann. Fürs Gelingen einer Ehe gibt es Rezepte! Einen Garten muss man pflegen, sonst erntet man nur Unkraut!

Für das Gelingen der Ehe ist es wichtig, dass für beide die Scheidung keine Option ist. Eine Ex-Frau, ein Ex-Mann sind so unmöglich wie eine Ex-Schwester! Für Christen sollte Scheidung so undenkbar sein, wie Jesus die Christenheit oder Gottvater den Heiligen Geist nicht verlassen kann. Mit dieser Einstellung wagt man den Sprung ins kalte Wasser, denn man bereitet sich auf den Fall der Fälle absichtlich nicht vor. Das mag nach außen hin unklug wirken, aber auf den zweiten Blick erkennt man den Schutz, den diese Haltung birgt: Mit dieser Einstellung sinkt die Wahr-

---

39 Prof. Dr. Laszlo A. Vaskovics, Staatsinstitut für Familienforschung an der Universität Bamberg, 1998.

scheinlichkeit, dass es zur Scheidung kommt, rapide ab.

Für die Finanzen bedeutet das im Normalfall, den Besitz zusammenzulegen. Man gehört und bleibt zusammen – wozu Vermögen teilen? Ich finde es allerdings sehr wichtig, dass beide Ehepartner um die Finanzen Bescheid wissen und im Normalfall auf Konten und bei Immobilien Miteigentümer sind. Das hat aber nichts mit Angst oder Misstrauen zu tun, sondern gibt nur die Realität wieder: Es gehört ihnen ja auch gemeinsam.

Wenn nichts mehr geht, ist eine Trennung unvermeidlich. Aber vom Weg dorthin gibt es viele Abzweigungen, die heute vielleicht zu wenig ausprobiert werden. Man trennt sich zu leicht, weil man nicht gelernt hat, ein Opfer zu bringen. Wenn eine Scheidung undenkbar erscheint, wird man diese Wege eher wagen – und irgendwo dort vielleicht einen Neuanfang finden.

Kann Ehe denn wirklich gelingen?

Unsere Zeit, die von beispielloser sofortiger Bedürfnisbefriedigung und nie gekanntem Wohlstand geprägt ist, charakterisiert eine große Armut: Unsere Ehen scheitern. Und die, die nicht scheitern, sind oft auch keine Vorbilder. Als ich mit neunzehn an eine kleine katholische Hochschule kam, sah ich das erste Mal in meinem Leben glückliche Ehen. Und dann gleich eine Menge davon: Alle Professoren waren glücklich verheiratet. Ich traute meinen Augen nicht. Heute sind mein Mann und ich selbst so ein Beispiel geworden. So manches Au-pair-Mädchen, so manch junger Freund sagte uns das.

Wie traurig ist das! Jede zerbrochene Familie bedeutet eine ganze Menge an gebrochenen Herzen und manchmal sogar gebrochenen Leben. Und wie häufig ist es wirklich so, dass im gesamten Umfeld eines jungen Menschens weit und breit keine »normale« glückliche Familie zu finden ist. Wenn ich aber an unseren großen christlichen Freundeskreis denke, ist es ganz anders. Da kenne ich kaum ein Paar, auf welches die Beschreibung »normale, glückliche Familie« *nicht* zutreffen würde. Nein, ich übertreibe nicht. Unter meinen christlichen Freunden gibt es fast niemanden, der sich hat scheiden lassen. Für mich ist das ein schöner Beweis, dass am Christentum was dran ist.

Ich bin noch nicht perfekt

Heute stellt man an das Heiraten riesige Ansprüche: Alles muss passen. Die Liebe muss filmreif, das gemeinsame Leben durchgeplant und das Haus gebaut sein. Der Lohnzettel muss auch noch für mindestens fünf Kinder taugen. Die Hochzeit wandelte sich in unseren Köpfen vom gemeinsamen Anfang zur Krönung eines Happy Ends. Genau wie im Märchen. Und wenn sie nicht gestorben sind, dann leben sie noch heute.

Das ist alles in Wirklichkeit sehr unlogisch, weil man mit dem Heiraten eigentlich einen Weggefährten bekommt. Wozu vorher alles alleine auf die Reihe kriegen? Zu zweit tut man sich in vielen Dingen leichter. Haus bauen kann man immer noch beim ersten oder zweiten Kind. Geld verdienen ist zu zweit doppelt so einfach, und die Liebe ... ja, die Liebe, die lernt man am besten in der Ehe.

Ich finde es schön, wenn zwei Studenten sagen: »Wir wissen zwar noch nicht, wo wir leben oder welche Jobs wir finden werden. Und wir haben auch überhaupt kein Geld. Aber gemeinsam meistern wir das mit links!«

Ich hatte einen Professor, der für die Liebe zu seiner Frau berühmt war. Nach zwanzig Jahren Ehe geschah es immer noch regelmäßig, dass er die Welt um sich vergaß, wenn sie zur Tür hereinkam. Ich erinnere mich gut, wie bei ihrem Eintreten in sein Büro in seinem Gesicht die Sonne aufging und er meine Thesen plötzlich nicht mehr wahrnahm. Wir Studenten lernten schnell, dass wir in solchen Momenten unsere Sätze nicht zu beenden brauchten. »Wie war das bei Ihrer Hochzeit, Herr Professor?«, wollten die Romantischen unter uns wissen. »Bei unserer Hochzeit? Da haben wir uns noch gar nicht geliebt!« Echte Märchen hören eben nicht mit der Hochzeit auf. Sie fangen mit dem Heiraten erst an.

Warten wir also nicht mit dem Heiraten, bis Liebe und Leben perfekt sind. Egal, was die Verwandten denken: Die Ehe ist dazu da, das Leben gemeinsam gut hinzukriegen und, während wir das machen, ganz nebenbei Weltmeister in Sachen Liebe zu werden.

Heiraten ist Ausdruck echter Liebe

Meine Freundin Karin war lange mit Max zusammen. Sie waren beide der Meinung, dass Heiraten viel zu altmodisch für sie sei. Das hatten sie schon gewusst, bevor sie ein Paar wurden. Als die Beziehung in die Brüche gegangen war, vertraute sie mir an: »Obwohl ich immer gegen das Heiraten war, tat es mir weh, dass er mich nicht heiraten wollte. Die ganze Zeit über hatte ich das Gefühl, das er mich nicht genug liebte, um mich ganz an sich binden zu wollen.«

Gesellschaftliche Ideologien verlieren ihren Stellenwert angesichts unseres Hungers nach Liebe. Menschen sind dazu gemacht, sich ganz an einen anderen zu binden. Und sie sind dazu gemacht, diese Bindung auch von jemand anderem zu empfangen. Alles andere ist zu wenig. Wenn ein Mann die Frau seines Lebens nicht heiraten will, dann ist irgendwo ein Hund vergraben. Warum will er denn nicht? Vielleicht ist sie gar nicht die Frau seines Lebens, und sie verliert nur wertvolle Jahre mit ihm? Man achte genau auf die Signale zwischen den Zeilen. Und warte nicht ewig.

Bund statt Vertrag: Die christliche Ehe

Heute versteht man Ehe als *Partnerschaft*. Dahinter steckt ein *individualistisches* Weltbild: Zwei eigenständige Menschen gehen einen Stück des Lebensweges gemeinsam. Sie bleiben im Grunde allein, tun sich aber zusammen, solange dies für beide *von Vorteil* ist. Den Begriff »Partnerschaft« kennt man – abgesehen von Beziehungen – vor allem aus Wirtschaft und Politik. Dort bedeutet er genau dasselbe: gemeinsame Ziele, zum gegenseitigen Vorteil, auf die Dauer der Vorteilhaftigkeit begrenzt.

Das christliche Verständnis von Ehe ist bemerkenswert anders. Ehe ist keine Partnerschaft, sondern ein *Bund*. Durch einen Bund *verbündet* man sich. Man hält zusammen, komme, was wolle. Ein Bund ist meistens für beide ein Vorteil. Aber er besteht unabhängig vom Vorteil. Auch, wenn es keinen Vorteil gibt oder nur für einen. Sollte gleich nach der Hochzeit einer der beiden einen schweren Unfall haben und sein Leben lang pflegebedürftig sein – der Bund würde aufrecht bleiben.

Ein Bund braucht im Gegensatz zu einer Partnerschaft eine *Besiegelung,* eine Form des Abschlusses. Beim Ehebund ist dies das Eheversprechen: »in guten und in schlechten Tagen«! Gott ist dieser Bund so wichtig, dass er sogar zum *Sakrament* wird – einem *großen Sakrament,* sagt Paulus (Eph. 5,32): ein sichtbares Zeichen des unsichtbaren Wirkens Gottes.

Ein zweiter wichtiger Unterschied liegt in der Erwartungshaltung. Christen wissen, dass es nicht der Ehepartner ist, der ihnen Sinn und Erfüllung gibt. Sie suchen ihr Glück nicht in Dingen dieser Welt, sondern »zuerst Gottes Reich« … und alles andere wird ihnen »dazugeschenkt«. Schwierigkeiten, die in jedem Leben auftreten, lassen sich mit dieser Einstellung leichter meistern: Sie werden eher als Einladung verstanden, in der Seele und in der Liebe zu wachsen. Vom Ehepartner zu erwarten, was nur Gott geben kann, ist eine Anleitung zum Unglücklichsein. Und die gute Nachricht für Singles: Was Gott geben kann – Leben in Fülle und Friede im Herzen –, hängt nicht vom Lebensstand ab.

Der dritte Unterschied zwischen einer christlichen und einer religionslosen Ehe, ist der berühmte »Dritte im Bunde.«[40] Gott ist dieser Dritte in einer christlichen Ehe. Das bietet eine Menge von Vorteilen. Er trägt das Ehepaar mit, weil er sich ihm konstant *zuwendet.* Die eheliche Treue und das Zueinanderhalten müssen einem Dritten gegenüber Bestand haben, der nicht an der Oberfläche stehen bleibt, sondern direkt ins Herz hineinsieht. In schwierigen Situationen ist die Verantwortung vor Gott oft der effektivste Rettungsanker. Vor Gott zu einander ja sagen – gibt den Eheleuten und ihrem Handeln eine vierte, eine Meta-Dimension: Was sie tun, geht plötzlich nicht mehr nur sie an …

Der vierte Unterschied liegt in dem Begriff *»Kultur des Lebens«.* Ein gängiger Begriff – auch wenn ihn die wenigsten erklären können.

Ich fragte einmal meinen Philosophieprofessor – den mit der Königin weiter oben – danach. Wir saßen bei einer Tasse Kaffee in einem Kaffeehaus. »Ganz einfach«, sagte er und reichte mir über das Tischchen einen Keks, »hier.« Ich hielt brav meine Hand auf.

---

40 »Ich sei, gewährt mir die Bitte, in eurem Bunde der Dritte«, bittet der Tyrann die beiden Freunde in Schillers Bürgschaft.

»Siehst du, du *empfängst* diesen Keks von mir. Du *nimmst* ihn dir nicht selber. Das ist die Kultur des Lebens. Empfangen statt nehmen.« Er hielt seine Hand auf, Handfläche nach oben: »So empfängst du«, er drehte die Hand um und deutete ein Nehmen an, »und so nimmst du dir etwas. Das Drehen des Handgelenks verändert das Universum.«

Kultur des Lebens: Sein eigenes Leben dem Urlebendigen verdanken und es mit all seinen Schwächen, Schwierigkeiten und Unpässlichkeiten annehmen. Krankheit, Alter und Tod als Teil des Lebens *»umarmen«.* Kinder als Geschenk erleben, auch wenn sie ungelegen kommen, und so, wie sie sind.

Kultur des Todes: Das eigene Leben nur sich selbst verdanken. Das Alt- oder Kranksein selbstbestimmt beenden wollen. Den Tod aus dem Leben ausblenden. Ungeborene Kinder töten oder Kinder um jeden Preis erzwingen, auch wenn sie im Reagenzglas erzeugt werden.

Echte Christen leben ihr Leben als Geschenk. Und einem geschenkten Gaul schaut man bekanntlich nicht ins Maul! Man freut sich über ihn. Sie erleben ihre Liebe und den anderen als Geschenk und sehen sie nicht als selbstverständlich an. Echte Christen leben in dem Bewusstsein, dass in dieser vierten Dimension ihr Leben – und das ihrer Kinder – nicht ihnen gehört. Und dass sie deswegen nicht darüber disponieren können. So wie man das Auto seines Nachbarn nicht über einen Kleinanzeiger verkaufen kann. Es macht das Leben jedenfalls einfacher, wenn man den Zeitpunkt seines Todes – oder den seines ungeborenen Kindes – nicht selbst auswählen muss. Wer eine Kultur des Lebens lebt, staunt respektvoll vor dem Leben und freut sich darüber.

Wenn *er* keinen Antrag macht

Mir kommt vor, dass die Männer heutzutage vor dem Heiraten mehr Angst haben als die Frauen. War das immer schon so, oder ist das neu? Ich weiß es nicht. Aber ich kann mir vorstellen, dass Männer, die heute viel öfter als früher ohne Väter oder ohne starke und verfügbare Väter aufwachsen, sich mit Bindungen schwerer tun.

Die Erziehung von Mädchen und Jungen ist heute außerdem viel weniger auf Ehe ausgerichtet. Beruflicher Erfolg und soziale Anerkennung stehen im Vordergrund. Es ist also nur natürlich, dass der Schritt zur Bindung eine größere Hürde darstellt als früher.

Viele Freundinnen erleben dies ungefähr so: Die Beziehung ist gut, *sie* möchte weitere Schritte setzen, heiraten, Wohnung suchen, Kinder bekommen. Aber *er* fragt und fragt sie nicht, so als ob es ihm nicht wichtig wäre.

Für einige ist es nur eine Frage der Zeit: Irgendwann passt es, und er hält um ihre Hand an. Andere Freundinnen warten viele Jahre lang – und irgendwann geht die Beziehung auseinander, und ihre besten Jahre sind vorbei.

Was kann frau also tun? Es gibt hier kein Patentrezept. Aber ein paar Gedanken über die verschiedenen Gründe, die Männer zögern lassen, können als Anhaltspunkte dienen:

Der Unerfahrene. Ein eher jüngerer Mann, der wenig Erfahrung im Leben und mit Frauen hat, möchte sich noch sicherer werden, was er vom Leben wirklich will und was seine Optionen sind. Man muss ihn diesen Weg gehen lassen, damit sein Herz bindungsbereit wird. Es ist meist gar nicht schlecht, jung zu heiraten. Aber man muss auch dazu bereit, sprich reif sein.

Der Noch-nicht-Etablierte. In welcher Lebenssituation befindet er sich? Die meisten Männer wollen eine Familie zumindest theoretisch ernähren können, bevor sie heiraten. In beruflich unsicheren Zeiten oder wenn sie noch in der Ausbildung sind, warten sie lieber zu. Das ist archaisch verankert und frau muss Verständnis und Geduld an den Tag legen. Aber auch die Männer dürfen da ruhig ein bisschen flexibler werden: Die meisten Frauen verdienen gerne selbst, und solange keine kleinen Kinder zu versorgen sind, ist dies auch ganz selbstverständlich. Den Lohnzettel also bitte nicht unter allen Umständen als »conditio sine qua non« betrachten!

Der Unsichere. So mancher Mann hat wenig Selbstbewusstsein und hält nicht viel von sich selbst. Vielleicht ist er arm und wenig gebildet. Vielleicht stammt er aus einem Land, das bei uns geringgeschätzt wird. Es könnte sein, dass so ein Mann meint, du würdest ihn nie im Leben heiraten und es wäre sogar unhöflich von ihm, dich zu fragen. Diesem Ängstlichen und Unsicheren gilt es immer wieder zu zeigen, dass er dein Traummann ist.

Der Verletzte. Wie sieht seine Familiengeschichte aus? Streit, Gewalt, Missbrauch? Wer nur selten eine glückliche Ehe gesehen hat, meint vielleicht tief im Herzen, dass Ehe gar nicht gelingen kann. Von außen wirkt so ein Mensch vielleicht vollkommen souverän, ist erfolgreich und beliebt. Aber in Wirklichkeit braucht er Heilung, eventuell sogar eine Therapie. Mir scheint, dass man einen Mann in solch einer Situation auf eigenes Risiko sehr gefühlvoll an die Hand nehmen kann. Auf keinen Fall darf man ihn durch eigenes Verhalten an die Vergangenheit erinnern. Wichtig ist es in dieser Situation, keinen unnötigen Streit zu entfachen und keine Szenen zu machen! Je schlimmer das Erlebte, desto mehr wird diese Zeit des Vertrauensaufbaus zur Zitterpartie: Er könnte nach vielen Jahren Mühe und Sorge einfach abspringen, weil seine Angst zu tief sitzt.

Der Junggeselle. Dann gibt es wiederum Männer, die sehr an ihrem Junggesellenleben hängen. Sie suchen zwar eine Frau – aber nur als Gespielin. Sie suchen sich die Schönste, denn sie ist ihre Trophäe. Diese Schöne wollen sie aber gar nicht heiraten! Irgendwann wird ihnen das Spiel zu langweilig, aber vielleicht sind sie dann schon vierzig Jahre alt! Die Frau, die sie sich dann suchen, ist keine Diva und kein Model, sondern eine Frau, bei der sie sich geborgen fühlen und der sie zutrauen, eine gute Mutter zu sein. Diese Frau heiraten sie dann ganz plötzlich, und alle sind megaüberrascht. Aber solange sie noch beim Spielen sind, werden sie nicht heiraten. Da hilft kein Bitten und kein Flehen.

Der Bequeme. Für jeden Menschen ist es angenehm, einen Partner zu haben, der sich für ihn interessiert, sich um ihn kümmert und ein Freund für Unternehmungen ist. Umarmt, geküsst und gehalten zu werden fühlt sich ja auch gut an! So gibt es auch den Typ Mann, der bei einer Frau bleibt, die er nett findet, aber gar nicht heiraten will. Er bleibt bei ihr und lässt sich mit dem Nachdenken Zeit: Er sieht keinen dringenden Handlungsbedarf, solange alles angenehm ist für ihn. Plötzlich trifft er eine, die Frau seines Lebens, und heiratet sie ruckzuck. Mit seiner Bequemlichkeit hat er der ersten wertvolle Zeit genommen und ihr das Herz gebrochen. Einen Bequemen muss man also – nicht zu früh und nicht zu spät – aufrütteln und vor eine Entscheidung stellen.

Wie verhält man sich klug an der Seite eines heiratsscheuen Mannes?

Passt dein Freund in eine der Kategorien heiratsscheuer Männer? Und wenn ja, wie tief steckt er da drinnen? Vielleicht kann man mehr herausfinden, wenn man sehr gefühlvoll – ohne Verdacht zu erwecken – ab und zu solche Fragen stellt: Wenn du mal Kinder hast, würdest du sie so oder so erziehen? Wenn du mal heiratest, würdest du auf dem Land oder in der Stadt leben wollen? Und so weiter.

Wichtig ist es, von Anfang an kein Hehl daraus zu machen, dass man »irgendwann« »irgendwen« heiraten und eine Familie gründen möchte. Aber Achtung, Männer sind da sehr sensibel. Ein verheirateter Freund sagte einmal: »Wir Männer haben Angst vor Frauen, die um jeden Preis heiraten wollen – und zufällig gerade mich …« Wichtig ist also, dass frau nicht das Gefühl vermittelt, Hauptsache, heiraten! … wen, ist nicht so entscheidend.

Eine Frau, die heiraten möchte, ist schlecht beraten, wenn sie mit einem entscheidungsunsicheren Mann eine sexuelle Beziehung eingeht – geschweige denn mit ihm zusammenzieht. Logisch, wenn er alles hat, was er will – wozu dann heiraten?

Für Frauen bedeutet warten ein Risiko! Nach derzeitigen Standards werden Frauen mit den Jahren normalerweise für Männer nicht begehrenswerter. Und die biologische Uhr zum Kinderkriegen – nicht zum Heiraten! – tickt wirklich, das ist kein Klischee! Für Frauen heißt das, ihr Risiko abwägen zu müssen: Wie viele Jahre wagt man auf diese Karte zu setzen? Amerikanische Ratgeber sprechen generell von höchstens zwei Jahren. Wenn dann kein Heiratsantrag vorliegt – move on! Ich glaube, dass man mit Zahlen sehr vorsichtig sein muss, und deshalb würde ich die Frist nicht so drastisch auf zwei Jahre begrenzen. Aber vielleicht sollte man mit sich selbst nach diesen zwei Jahren ein sehr ehrliches Gespräch führen.

Darf eine Frau einen Heiratsantrag machen? Ich habe lange darüber nachgedacht. Warum eigentlich nicht? Aber es wollte nicht so recht in meinen Kopf hinein. Heute erlaube ich mir, es einfach so zu sagen: Ich glaube, dass eine Frau besser keinen Heiratsantrag machen sollte. Zum einen stehen ihre Chancen sehr schlecht, dass ein Heiratsantrag etwas an seinem Zögern ändern würde. Wenn er sich nicht sicher ist, ist er sich mit oder ohne Antrag nicht sicher. Denn wenn er sich sicher und die Zeit reif wäre, hätte er ja schon selbst gefragt. Sollte er doch ja sagen, könnte es sein, dass er sich langfristig irgendwie »entmannt« fühlt. Darunter leiden sein Selbstvertrauen und ihr Gefühl, liebenswert zu sein.

Liebe Leserinnen, einige Wesensmerkmale des Menschen stammen nun mal aus der Steinzeit. Daran ist nicht zu rütteln. Ein Mann ist Jäger, und eine Frau möchte erobert werden. Darum soll *er* um *ihre* Hand bitten, und nicht umgekehrt.

Das heißt aber nicht, dass man ihn nicht motivieren kann, indem man ihm Brücken baut und ihm eine gewisse Sicherheit gibt, dass er keine Abfuhr erleben wird. Indem man ihm das Gefühl gibt, dass *er jemand ist* und dass man sich das Leben mit ihm gut vorstellen könnte.

Anders ist die Situation, wenn man schon zwanzig Jahre lang zusammenlebt und Kinder miteinander aufgezogen hat. Damals heiratete man aus verschiedensten Gründen nicht, vielleicht war es einem noch nicht wichtig genug. Jetzt aber schon? Dann kann die Frau genau wie der Mann die Sache anstoßen. Und für den Segen Gottes ist es nie zu spät.

Kapitel 6
Sexualität als Single

Schon wieder Thema Nummer 1?

Sex nennt man das Thema Nummer 1. Ich finde das ziemlich öde. Wie wär's denn mit Liebe als Thema Nummer 1? Oder Glück und Sinn? Oder etwas Großartiges vollbringen? Aber nur Sex? Ein Armutszeugnis!

Aber auch was nicht Thema Nummer 1 ist, darf in diesem Buch aufgegriffen werden, insbesondere weil es für Singles viele Fragen und manchmal auch Schwierigkeiten birgt.

Zuerst eine notwendige Unterscheidung. Jeder Mensch sehnt sich nach körperlicher Wärme und Geborgenheit. Und jeder Mensch empfindet von Natur aus Lust auf Sex. Dies sind aber zwei ganz verschiedene Dinge. Eine Zeitlang – und vielleicht sogar eine lange Zeit lang – ohne körperliche Nähe zu leben wird als Mangel empfunden.

Der Wunsch nach Wärme und Geborgenheit

Von ehrlichen Singles hört man: »Wenn mich doch nur einmal jemand in den Arm nehmen würde«, »Ich möchte mich bei jemandem festhalten können«, »Ich bin ausgehungert nach Berührung, dabei denke ich nicht an Sex, sondern daran, einfach mal berührt zu werden. Das gehört ja zum Leben dazu!« Jeder Mensch sucht körperliche Nähe: Man will sie selbst erfahren, aber auch schenken. Ihr Fehlen wird als Mangel wahrgenommen.

Eines Tages horchte ich auf. Eine Freundin erzählte, dass sie sich lange nach Berührung und Geborgenheit gesehnt hatte. Nun hatte sie einen »long distance«-Freund gefunden. Er lebte in den USA, sie telefonierten regelmäßig, aber sahen sich fast nie. Und siehe da, sie fühlte sich plötzlich gewärmt und geborgen – ganz ohne körperliche Nähe.

Ein Teilnehmer an einer Single-Freizeit dankte mir einmal mit den Worten: »Ich habe dort erlebt, dass ich nicht allein bin. Dass es Gleichgesinnte gibt, denen ich vertrauen kann, die auf meiner Wellenlänge sind, die herzlich miteinander umgehen. Mein Sehnen nach körperlicher Zuwendung wurde vom freundschaftlichen Miteinander gestillt.«

Liebe Leserinnen, liebe Leser, der Wunsch, von jemandem gehalten und berührt zu werden, ist in erster Linie unser Hunger nach Freundschaft und Angenommensein. Es ist der Wunsch, als derjenige, der man ist, erkannt zu werden, anstatt als Rädchen im Arbeitsprozess gesehen zu werden. Es ist nicht unsere Haut, die neben Sauerstoff und Sonne auch Streicheleinheiten braucht. Es ist die Seele, die die Berührung sucht, und weil wir es nicht besser wissen, meinen wir, es wäre unser Körper.

Wer aber kann eine Seele berühren? Da gibt es nur zwei Möglichkeiten: Gott und ein Freund. Wenn wir Freundschaft finden, verliert die Sehnsucht ihren Schmerz. Wer echte Freunde hat, fühlt hier keinen Mangel. Auch ein zölibatär lebender Mensch sollte nicht von einem Mangel sprechen, wenn er sein Zölibat als einen Verzicht »um des Himmelreiches willen« versteht.

Wir leben heute in einer Distanzgesellschaft. Freud und Leid sind privatisiert. Das meiste geht den anderen nichts an. In bodenständigeren Kulturkreisen teilt man das Leben viel mehr mit allen anderen. Auf der Straße redet man miteinander, eine Zugfahrt wird zu einer Diskussionsveranstaltung, beim Friseur erklärt man sich gegenseitig Gott und die Welt. Die Nachbarn gehören zum täglichen Leben. Die Großfamilie beteiligt sich am Lösen aller nur erdenklichen Probleme. In so einer Kultur sind die Menschen weniger einsam. Sie fühlen sich mitgetragen, wahrgenommen, berührt. Ich behaupte nun mal, dass Singles in so einer Kultur weniger stark an Sehnsucht nach Wärme und Geborgenheit leiden als bei uns.

In dieser Frage dürfen wir den Gott-Faktor nicht übersehen. Es ist ihr Schöpfer, der die Seele mehr als sonst jemand so berühren kann, dass sie klingt. Er ist ein Anker, an dem man sich festhalten kann, so dass man nicht auf die Schultern eines Mannes angewiesen ist. Und auch für Ehepaare gilt: Unsere Grundsehnsucht nach vollkommener Liebe kann nur der Schöpfer stillen.

Körperliche Unruhe:
Das Kreuz mit der Lust

Früher wurde Sex tabuisiert. Heute ist er in seiner Billigversion überall. Statt totgeschwiegen zu werden, ist Sex nun mit Bedeutungslosigkeit belegt. Die Gefahr ist: aus Bedeutungslosigkeit wird Verantwortungslosigkeit.

Total verklemmt? Vielen erschließt sich die eigentliche Bedeutung und Tragweite der christlichen Sexuallehre erst mit wachsender Lebenserfahrung, auf den *zweiten* Blick sozusagen.

Dr. Margarita Seiwald, jetzt Mutter und Psychiaterin, beschreibt ihren Weg des Erkennens so anschaulich, dass ich nicht umhinkann, hier einen längeren Text[41] als Zitat einzufügen:

> *»Als pubertierende 16-Jährige war ich fest der Meinung, dass die katholische Kirche und an ihrer vordersten Front der Papst in Fragen der menschlichen Sexualmoral total verklemmt seien. … [Als ich begann, mich mit den Texten der katholischen Kirche wirklich auseinanderzusetzen, begann ich zu verstehen, dass] meine Sexualität von Gott geschaffen, also gottgewollt und gut ist. Sie ist mir geschenkt, um mich zu schenken. Auf körperlicher Ebene ermöglicht sie mir einen unglaublich tiefen Bund mit einem anderen Menschen. Körperlich gesehen, kann ich mich einem anderen*

---

41 In Vision 2000, Ausgabe 6/2010, »Total verklemmt – oder was?«, von Dr. Margarita Seiwald, leicht gekürzt.

Menschen nicht tiefer hingeben. Meine Sexualität ist also unglaublich kostbar.

Sie ist aber auch der Ort, an dem ich sehr verletzbar bin, weswegen mich die Kirche bittet, mit diesem Geschenk sehr vorsichtig umzugehen. Wie schnell kann man mit einem anderen Menschen körperlich eins werden und wie lange dauert es, bis man des anderen Herz kennenlernt? Nun endlich begriff ich, dass ›rein in die Ehe zu gehen‹ nicht bedeutet, dass das Miteinanderschlafen etwas Schmutziges ist, sondern dass man sich nicht körperlich aneinander binden soll, bevor man überhaupt weiß, ob man von ›Herz zu Herz‹ zueinanderpasst.«

Von da an wurde mir die Haltung der Kirche zur menschlichen Sexualität immer einleuchtender, und so begann ich die Beziehungen rund um mich genauer unter die Lupe zu nehmen. Ich erlebte viele Liebespärchen in meinem Bekanntenkreis, die in ihrer großen Verliebtheit sofort miteinander ins Bett gingen und sich monatelang durch diese große körperliche Nähe eine innere Nähe vorgaukelten, die sie bei weitem noch nicht erreicht hatten. Häufig kam es nach einiger Zeit dazu, dass sie plötzlich erkannten, dass sie absolut nicht zueinanderpassten. Die daraufhin folgenden Trennungen waren unglaublich schmerzhaft – manche Freundin vertraute mir an, sie glaube, nie wieder richtig tief lieben zu können.

Mit meinem neu gewonnenen Entschluss, dem Rat der Kirche zu folgen und diesen körperlichen tiefen Bund erst dann einzugehen, wenn ich mich mit Haut und Haaren, Hirn und Herz für einen Mann entschieden habe – also am Tag der Hochzeit –, mit diesem neu gewonnenen Entschluss also erntete ich zunächst sehr viel Häme. Nicht selten wurde ich als frigid hingestellt und musste mich öfters für meine Meinung zu diesem Thema auslachen lassen. Auch in meinen Liebesbeziehungen war die Umsetzung dieser Entscheidung für die voreheliche sexuelle Enthaltsamkeit oft sehr schwer, denn einige meiner Freunde waren nicht gläubig, und mehrere Male beendete ich schweren Herzens eine Beziehung, weil mich mein Freund ständig zu mehr überreden oder verführen wollte. Hinzu kam, dass ich mich sehr leicht verliebte und oft nach nur kurzer Zeit feststellen musste, dass mein Bild von dem Geliebten überhaupt nichts mit seinem realen Charakter zu tun hatte.

Immer besser verstand ich also die Haltung der Kirche in dieser Frage. Ich erkannte, dass die Liebe neben dem unglaublich tollen Gefühl des Verliebtseins zuallererst eine Entscheidung meines Willens ist. Dass die Verliebtheit zwar ein wunderschönes Zusatzgeschenk ist, dass aber die Liebe zwischen Mann und Frau nicht von diesem tollen Gefühl abhängig sein soll. Das Geschenk meiner körperlichen Hingabe soll Ausdruck davon sein, dass ich den anderen lieben will – in guten und in schlechten Tagen –, egal ob dieses wunderbare Gefühl da oder vielleicht auch einmal für einige Zeit weg ist.

Nun bin ich seit fünf Jahren sehr glücklich mit meinem Mann Franz verheiratet und danke Jesus oft für die gute Vorbereitung auf unsere Ehe, die uns geschenkt worden ist. Wir beide haben uns sehr gut kennengelernt, ohne uns in dieser Vorbe-

reitungszeit über unsere Unterschiedlichkeit ›hin-
wegzuschmusen‹. Oft hatten wir eine unglaublich
große Sehnsucht danach, körperlich eins zu werden, aber wir wussten beide, dass wir uns in der
Tiefe unseres Herzens noch nicht im Klaren darüber waren, ob wir wirklich ganz ja sagen konnten
zueinander. Sehr hilfreich war in dieser Zeit ein
Satz aus dem Buch ›Der kleine Prinz‹, in dem es
heißt: ›Du bist ein Leben lang verantwortlich für
das, was du dir vertraut gemacht hast.‹

Durch den Kampf, den wir beide in dieser Vorbe-
reitungszeit gekämpft haben, wurde uns immer
mehr bewusst, wie sehr wir den anderen achten
und dass es uns in unserer Liebe nicht zuerst um
unser eigenes Glück, die eigene Befriedigung geht,
sondern um das Glück des anderen. So wie Gott
Mose aus dem brennenden Dornbusch zurief:
›Zieh deine Schuhe aus, der Boden, auf dem du
stehst, ist heilig‹, so erlebte und erlebe ich, wie
meine Sexualität, mit ihr meine Fruchtbarkeit
und meine Berufung zur Mutterschaft, tief einge-
bettet ist in unsere echte Herzensentscheidung
füreinander, die nicht auf reiner Verliebtheit und
körperlicher Anziehung, sondern auf tiefem Respekt vor der unglaublich großen Würde des anderen beruht.«

Was unser Körper sagt

Beim Sex teilt man sich nonverbal ein Geheimnis mit. Intimität kommt von »zuinnerst«: Das Zuinnerste zu teilen braucht einen schützenden Rahmen, eine Abmachung, die man auch Ehe nennen kann.

Die geschlechtliche Intimität ist eine Art von Körpersprache. *Ich bin dir gegenüber vollkommen offen,* sagt der Körper der Frau, *und ich vertraue dir. Und ich will ganz dein sein und für dich da sein,* antwortet der des Mannes, *verlass dich auf mich.* Es ist traurig, wenn unsere Körper etwas sagen, was in unseren Herzen nicht vorhanden ist. Schlussendlich spüren wir, dass weder wir noch der andere ehrlich waren – und zurück bleibt eine Narbe. Sex braucht einen passenden Kontext!

Liebe, Sex und Kinderkriegen
haben etwas miteinander zu tun

Es erstaunt mich immer wieder, dass Menschen, die bei *casual sex* schwanger werden, überrascht sind. Man liebt den einen, schläft mit dem anderen … wird schwanger und ist vollkommen von den Socken. Gibt es denn zu wenig »Aufklärung«? Oder einfach zu viel von einem Aufklärungsunterricht, der das Dreigespann Liebe, Sex und Kinderkriegen zu sehr auseinanderdividiert?

Diese drei Zeitgenossen haben mehr miteinander zu tun, als so manchem lieb ist. Wenn man vom Sex Kinder kriegen kann, schulden wir ihnen den geschützten

Rahmen einer Ehe. Eigentlich logisch, oder? Wenn es aber immer heißt: »Entdecke deinen Körper und amüsiere dich!« und »Solange ihr ein Kondom verwendet, kann nichts passieren«, signalisiert man dem jungen Menschen auf der Suche, dass es dieses Dreigespann nicht gibt. Wer Kondome vor Schulen verteilt – mit denkbar guten Absichten –, der signalisiert damit der Dreizehnjährigen: »Was, du willst noch nicht? Das gibt's doch gar nicht, was bist denn du für eine? Es ist ja nichts dabei – sei nicht blöd.« Und logisch kommt es dann zu solchen Überraschungen.

Wir sind es unseren Kindern schuldig, ihnen – soweit es in unserer Macht steht – ein Zuhause mit Vater und Mutter zu bereiten. Sex gehört auch deshalb in eine stabile Beziehung, am besten in eine Ehe, weil dabei ein Kind entstehen kann. Das habe ich erst so richtig verstanden, als ich meinen eigenen Kindern ins Gesichtchen blicken konnte. Sex hat mit der Weitergabe von *Gottesebenbildlichkeit* zu tun! Zu heilig für Spielereien.

Mit unbefriedigter Lust umgehen

Das Leben ist voller unbefriedigter Sehnsüchte. Niemand kommt umhin zu lernen, mit ihnen zu leben und umzugehen. Sehnsüchte dürfen sein! Und wer weiß, vielleicht ist von all diesen Sehnsüchten die körperliche Lust die am wenigsten dramatische? Erinnern wir uns daran, wie gut es uns eigentlich geht! Wie viel Schönes, wie viele Möglichkeiten wir in unserem Leben haben! Vielleicht kann sich der Leser, die Leserin an den folgenden Gedanken ein bisschen festhalten:

Den Sexualtrieb schlummern lassen. Je mehr der Sexualtrieb in einem Menschen geweckt wird, desto aktiver wird der Trieb sein. Logisch, je näher man sich ans Feuer wagt, desto heißer wird es! Ein Priester erklärte mir einmal, wie er damit umgeht: »In fuga salus!«, sagte er. »In der Flucht liegt das Heil.« Du tust dir selbst etwas Gutes, wenn du aufpasst, was in dich »hineinkommt«, welche Bilder du siehst, welche Texte du liest. Kontrolliere deine Gedanken – dann machst du dir das Leben nicht unnötig schwer. *Nicht an weiße Elefanten zu denken* funktioniert bekanntlich nicht. Trickse deine Gedanken aus, indem du deine Aufmerksamkeit auf etwas anderes – etwas Schönes oder Interessantes – lenkst.

Den Körper spüren lernen. Wer ein gutes Verhältnis zu seinem Körper hat, tut sich leichter, mit ihm umzugehen. Bewegung, Sport, Tanzen, Schwimmen … was dem Körper guttut, kann dem Sexualtrieb antworten. Nicht als Kompensation. Sondern aus einer wertschätzenden Haltung heraus, in der die Lust ein geordnetes Zuhause findet.

Gottes Wege lieben. Wenn wir wirklich an Gott glauben, dann dürfen wir alles als Geschenk erleben! Auch die Zeit unerfüllter Sehnsüchte. Wir lernen, seinen Plan zu lieben und zu umarmen. Die tägliche Mühe heißt es zu bestehen – mit oder ohne Sex –, so wie Gott es für uns in unserem jeweiligen Lebensabschnitt vorsieht.

Es gibt eine Anekdote über eine Gruppe von zölibatär lebenden Männern. Eine attraktive spärlich bekleidete Frau ging an ihnen vorüber. Alle senkten pflichtbewusst ihren Blick. Nur einer sah sie sich genau an, und rief den anderen zu: »Wie groß muss Gott sein, wenn er so etwas Schönes erschaffen kann!« Vielleicht ist diese Gratwanderung schwierig. Aber es ist gut, wenn man durch die sexuelle Lust hindurchgehen und hinter ihr Gottes Schöpfung entdecken kann.

Pornografie – ein verzeihliches Laster?

Pornografie ist ein Industriezweig. Und leider kein kleiner! Mehr Menschen liegen in ihren Fängen, als man meinen würde. Ein Gentleman's Laster, das nichts weiter bedeutet, solange es keiner weiß? Nur ein paarmal ansehen kann ja nicht schaden? Achtung, Experten sehen das anders:[42]

1. Pornografie hat negative psychologische Konsequenzen. Sie kann reale Sexualität verschlechtern und behindern und Beziehungen zerstören, denn das Gesehene schreibt sich im Bewusstsein fest und wird standardmäßig erwartet.
2. Pornografie birgt einen ausgeprägten Rutschbahneffekt. Was gerade noch aufreizte, ist nun passé und muss durch etwas Härteres oder gar Gewalttätigeres ersetzt werden.
3. Pornografie macht süchtig. Es ist nicht einfach, davon loszukommen! Über eine halbe Million Menschen sind allein in Deutschland deshalb in Therapie.
4. Ein großer Teil pornografischer Darstellungen hat mit Gewalt zu tun. Dies kann zu Nachahmungsverbrechen führen. Insbesondere steigt statistisch die Vergewaltigungsbereitschaft: Denn Pornografie gibt vor, dass Frauen vergewaltigt werden wollen.

Wer in die Pornografiefalle geraten ist, ist gut beraten, nach Hilfe zu suchen. Gute Bücher, anonyme Bera-

---

42 Thomas Schirrmacher, »Internetpornografie: … und was jeder darüber wissen sollte« (SCM Hänssler 2008).

tung, vielleicht eine Therapie – und viel Willensstärke werden das Aussteigen ermöglichen. Für die Partnersuche ist das Loskommen von Pornografie jedenfalls ein Muss. Aus Liebe zu einem Ehepartner, den man vielleicht noch gar nicht kennt. Und aus Liebe zu sich selbst.

Selbstbefriedigung als
Übergangslösung?

Was geschieht bei der Selbstbefriedigung, was macht
der Mensch, wenn er sich selbst sexuell erregt und damit befriedigt? Mit einer sexuellen Hingabe und Ver-
einigung in Liebe lässt sich die Selbstbefriedigung
nicht vergleichen. Na gut, könnte man erwidern, nicht
so schön meinetwegen, aber besser als nichts? Das hieße ja immer noch »gut«, nur nicht »so gut«, wie es sein
könnte?

Ich glaube, dass auch das »gut« nicht zutrifft. Denn
der Leib ist kein Instrument, mit dem »man sich Lust
besorgen« kann, sondern: Dein Leib, das bist du
selbst! Und dieser Leib ist für die Liebe geschaffen, die
sich in der sexuellen Umarmung ausdrückt! Wir sind
eine Leib-Seele-Einheit – die beiden lassen sich nicht
voneinander trennen.

Quer durch die Geschichte haben die Menschen
verstanden: Jede Erfüllung sexuellen Verlangens, das
von dem »du« der Liebe abgelöst ist, ist nicht beglü-
ckend.

Ein Bischof erklärte mir einmal: »Jesus sagt, wenn
man eine andere Frau, einen anderen Mann ›lüstern‹
anschaut, bricht man bereits die Ehe. Das gilt natürlich auch für Pornografie und Gedanken, die man nur
hegt, um die sexuelle Lust zu stimulieren und dann
auch noch selbst zu befriedigen. Pornografie oder
Selbstbefriedigung: Man bleibt auf jeden Fall allein
und handelt gegen den Sinn unserer Geschlechtlich-
keit! Dazu kommt auch noch: Wer sich an die Selbstbefriedigung gewöhnt, stört seine Ehe, denn es kann

schwer für ihn werden, die sexuelle Hingabe der Liebe wirklich zu leben und die Freude daran zu erleben, wenn ihn seine Gewohnheit anstiftet, dabei vor allem nur auf seine Lust zu achten und nur sie zu suchen! Das stört und belastet die Liebe in der Partnerschaft der Ehe!«

Die britische Sexologin Sheila Bridge[43] schreibt über die Selbstbefriedigung: »Die Gefahr besteht hauptsächlich darin, dass sie die seelische Leere verstärkt und eine zu große Betonung auf die körperliche Seite von Sex legt. (…) wenn die Selbstbefriedigung Teil von ausgedehnten Fantasien über eine unpassende, unerlaubte Beziehung ist, dann ist das mit ziemlicher Sicherheit alles andere als hilfreich, um diese Gefühle im Zaum zu halten.«

Ich fasse zusammen: Selbstbefriedigung weckt den Sexualtrieb. Und wäre die Single-Zeit nicht leichter, wenn er schlummern würde? Selbstbefriedigung lenkt die Gedanken auf einen selbst. Dadurch wird Sex in einer späteren Ehe unterbewusst mehr als Instrument zum eigenen Lustgewinn gesehen, anstatt als gemeinsames Erlebnis zweier Liebender. Das hat negative Auswirkungen auf die Partnerschaft! Und wenn du an Gott glaubst, und dein Körper ein Tempel des Heiligen Geistes ist und du selbst Gottes Ebenbild bist, dann passt die Selbstbefriedigung nicht zu dir.

---

43 Sheila Bridge, I feel like a woman! SCM R. Brockhaus, Witten. Gekürzt erschienen in Joyce – FrauSein mit Vision, Mai 2009.

Hurra, ich habe ihn gefunden! –
Und nun Sex?

Wenn eine Beziehung ernst wird oder man vielleicht sogar schon verlobt ist, bekommt das Thema »Sex vor der Ehe« eine neue Dimension. Man liebt sich wirklich, Verantwortung wird teilweise schon übernommen. Dennoch ist es sinnvoll, mit dem Sex zu warten. Warum?

- Weil man auf dem Weg in die Ehe mit seinen tiefsten Ängsten konfrontiert wird und die Gefahr besteht, dass man sich in die körperliche Intimität flüchtet, ohne sich den Ängsten zu stellen. Seelische Intimität braucht einen klaren Rahmen, in dem sie wachsen kann, und sollte anfänglich nicht von körperlicher Intimität verdrängt werden.

- Weil die Verlobungszeit die letzte Probephase ist. Sex bindet aneinander und nimmt, insbesondere in der ersten Phase, den klaren Blick auf Beziehungsfragen, die vielleicht noch nicht völlig geklärt sind. Stichwort »Make-up-Sex« – Achtung vor Sex als Beziehungskitt!
- Weil das Heiraten einen echten Unterschied machen soll und mehr ist als ein *social event*.
- Weil man guten Sex nicht *ausprobieren kann,* sondern gemeinsam *lernen* muss!
- Weil die Jungfräulichkeit in der Hochzeitsnacht entgegen allen Behauptungen von den meisten als *das Ideal* empfunden wird.

Ja gut, sagt nun vielleicht so mancher. Aber wie soll das gehen? Es funktioniert, viele haben es ausprobiert:

- Zunächst müssen beide wirklich mit dem Sex bis zur Ehe warten *wollen*. Sonst sind Konflikte vorprogrammiert. Sprecht darüber. Entscheidet euch bewusst.
- Zärtlichkeit als ein *Geschenk für den anderen* sehen – nicht als Lustquelle für einen selbst. Warum soll man dann jemandem etwas schenken, das gar nicht gut für ihn ist und das er eigentlich nicht will? »Ich liebe dich zu sehr, um dich für meinen Lustgewinn zu benützen!«
- Männer wollen gebremst werden! Sie sehen ihre Leidenschaft als Teil ihres »Jäger-Daseins« und als einen Ausdruck des Begehrens und somit als Kompliment für die Frau. Sie sehen es als *die Rolle der Frau,* sie selbst- und wertbewusst zu bremsen – und sind enttäuscht, wenn sie es nicht tut.
- Seid euch bewusst: Jeder Schritt »weiter« setzt ei-

nen Standard. Zurückbleiben hinter dem Erlebten ist sehr schwer!

- Denkt daran: Sex muss gelernt werden. Die Wahrscheinlichkeit, dass das »erste Mal« so »genial« ist, wie man es im Fernsehen sieht, ist wie vieles dort: eine Illusion.
- Den Weg mit Gott gehen! Gemeinsames Gebet und häufige Gebetszeiten allein sind unerlässlich. Auch ein geistlicher Begleiter, dem man erlaubt, von einem Rechenschaft zu verlangen, ist eine große Hilfe.
- Wenn es in eurer Beziehung »passt«, dann wartet doch bitte nicht zu lange mit dem Heiraten!

Kapitel 7
Sich mit der Situation versöhnen

Und wenn ich »übrig bleibe«?

Was soll denn das heißen? Übrig bleiben? So wie das Stück Brot, das keiner mehr will? Die letzten Reste Popcorn, die in der Früh beim Aufräumen in den Müll gekippt werden? Die Frage geht von zwei falschen Annahmen aus: Erstens, dass das Leben ohne Ehepartner sinnlos ist. Das ist schlichtweg falsch. Und zweitens, dass man selber bereitgestanden hätte, aber nicht »genommen« wurde. Aber heiraten ist nicht etwas, das mit einem geschieht, sondern in dem man selbst ein Handelnder ist.

Statistisch gesehen hast du gute Chancen zu heiraten. Und selbst wenn nicht oder wenn nicht sofort: Es gibt keine bessere Zeit in der Geschichte und keinen besseren Ort, um Single zu sein, als hier und jetzt. Und ja, irgendwann ist es vielleicht zu spät, um Kinder zu bekommen. Aber für die große Liebe ist es nie zu spät.

Die evangelische Pfarrerin Astrid Eichler schreibt: *»Es ist nicht gut, dass der Mensch allein sei* – dieser Satz gilt natürlich auch für Singles. Aber deswegen muss die Ehe nicht der einzige Ausweg sein. Wenn wir von einem biblischen Menschenbild reden, sollten wir darauf achten, dass wir es nicht zu sehr verkürzen. Der oben erwähnte Satz wird überwiegend auf die Ehe als Lebensform bezogen. Mein allgemeiner Rat an Singles ist der, das Leben nicht auf dem Bahnsteig zu verbringen. Das Leben ist zu schade dafür.«[44]

---

44 Astrid Eichler (Berlin-Brandenburg), Es muss was anderes geben: Lebensperspektiven für Singles (R. Brockhaus-Verlag), 2010.

Ehe ist kein »Primärbedürfnis«

Es gibt Dinge im Leben, ohne die es nicht geht. Diese Dinge nennen wir Primärbedürfnisse. Essen, Schlafen, Atmen zum Beispiel.

Die Ehe zählt nicht dazu – aber interessanterweise die Freundschaft. Das »soziale Wesen« braucht andere Menschen. Man braucht Menschen, denen man sich öffnen kann, denen man vertrauen kann, bei denen man sich geborgen fühlt. Im Idealfall findet der Mensch all dies auch bei seinem Ehepartner. Freundschaft ist ein Primär-, Ehe ein Sekundärbedürfnis. Es ist gut, wenn sie gelingt, aber sie ist nicht notwendig für ein erfülltes Leben.

Familie gründen ist ein Beruf

Heiraten ist kein Muss. Man kann sich auch bewusst dagegen entscheiden. Für die meisten Christen ist es heute selbstverständlich zu heiraten. Aber ist das wirklich so eindeutig jedermanns Weg?

Heiraten heißt, für eine andere Person Verantwortung zu übernehmen. Heiraten heißt im Normalfall auch, Eltern zu werden. Das ist schön und gut so. Aber es ist kein *Muss.*

Man kann sich auch dafür entscheiden, alleine zu leben. Es gibt Berufe, in denen sich ein Single leichter tut. Besonders fordernde Berufe oder Berufe, die höchste Flexibilität voraussetzen. Soldaten auf Auslandseinsatz. Antarktis-Forscher. Leidenschaftliche Fernfahrer. Besonders spezialisierte Ärzte. Früher war das Singlesein für Krankenschwestern und Lehrerinnen das Ideal – in manchen Institutionen war es sogar

Voraussetzung, und mit einer Heirat schied man aus dem Beruf aus.

Ich glaube nicht, dass Rembrandt oder Michelangelo zum Windelwechseln oder für Schwiegerfamilienbesuche eine Schaffenspause machten. Friedrich Nietzsche meinte: »Das Lächerlichste, das ich mir vorstellen kann, ist ein verheirateter Philosoph.« Weil er seinen Kopf woanders hat. Logisch. Auch Gandalf oder Frodo hätten mit Ehefrau und Kindern ihre Abenteuer nur unter gröbster Vernachlässigung familiärer Pflichten bestehen können!

Ja, es gibt Berufe, in denen ein *besonderes* Engagement möglich ist, wenn man frei und ungebunden ist. *Wer frei ist von Form, ist aufnahmefähig für andere Formen,* sagt Aristoteles. Die Aufnahmefähigkeit von Vätern oder Müttern ist geringer als die von Singles. Ihr kreatives Potenzial, ihr innerer Strom und ihre Kraft sind der eigenen Familie zugewandt. Sie sind innerlich an die menschlich intensiven Beziehungen in ihrer Familie gebunden. Diese füllen ihren inneren Raum des Schaffens komplett aus. Lehrer zum Beispiel, die diese Bindungen nicht haben, sind ihren Schülern gegenüber *anders* offen. Sie können ihren Schülern eine wichtige Bezugsperson sein.

Eine Freundin erzählte mir, wie sehr sie sich freute, als ihre unverheiratete Lehrerin viele Jahre nach dem Abitur zu ihrer Promotion gekommen war. Diese zarte Bindung kann man *geistige Elternschaft* nennen. Solche Menschen und solche Bindungen braucht das Land … besonders in Zeiten ausgeprägter geistiger Armut. Menschen, die für Freundschaft oder Begleitung spontan und frei zugänglich und aufnahmefähig sind, gerade *weil* sie Singles sind. So wird das Singlesein ein persönlicher Weg mit Gott, der keine Institution braucht. Kloster und Ehe stehen sich nicht allein gegenüber! Denn in seiner Verborgenheit in Gott dringt ein Single, der dies bewusst als geistlichen Weg lebt, in Bereiche vor, in die ein Priester, ein Pastor oder ein Ordensangehöriger nicht kommen.

Zu heiraten ist nicht die einzige Denkoption

Heiraten bedeutet, sich für eine Lebensweise zu entscheiden. Das muss man bewusst tun, denn die Tragweite dieser Entscheidung ist enorm. Wer in beruflichen, akademischen, künstlerischen oder missionarischen Dingen Erfüllung findet, muss nicht um jeden Preis eine Familie gründen! Gertrud von le Fort, Simone Weil, Annette von Droste-Hülshoff und Anton Bruckner sind leuchtende Beispiele dafür. Weniger berühmte, aber ebenso erfüllte Singles sollte jeder aus seinem eigenen Umkreis kennen.

In der katholischen Kirche gibt es eine Ehelosigkeit »um des Himmelreiches willen«. Männer und Frauen entscheiden sich bewusst dazu, unverheiratet zu bleiben, um Gott hundertprozentig zur Verfügung zu stehen und sofort auf seinen Ruf reagieren zu können. Man stelle sich vor, die Apostel hätten auf Jesu Ruf, ihm nachzufolgen, geantwortet: »Im Prinzip gerne. Aber meine Frau und meine Kinder brauchen mich, komm doch in ein paar Jahren wieder vorbei, wenn die Kinder aus dem Gröbsten heraus sind, dann werde ich dir bestimmt nachfolgen!«

Ein katholischer Priester blieb freiwillig auf der sinkenden Titanic, um den Sterbenden beizustehen. Als Familienvater wäre er zu dieser Entscheidung nicht frei gewesen. Zölibatär lebende Menschen sind ein wandelndes Zeichen, dass es mehr gibt als die Dinge, die wir sehen können. Sie beweisen mit ihrer Lebensweise, dass ihnen Gott mehr bedeutet als alles andere auf der Welt. Das rückt auch die Welt des Partnersuchenden wieder ins Lot.

Leben in Fülle:
Auf der Suche nach dem Glück

Auf einer wunderschönen Hochzeit saß ich kürzlich in einer alten Kirche mit gutem Blick auf die perfekt gestylte Hochzeitsgesellschaft mit ihren unzähligen kleinen Kindern. Da streifte mich plötzlich ein Hauch von *Vergänglichkeit:* Während die Hochzeitsgesellschaft so freudig am Feiern war, vergaß sie vollkommen den Sensenmann ... Denn mit jeder Sekunde wurden die süßen Kinder mit ihren Rüschen und Maschen ein Stückchen älter, um den Platz ihrer Eltern einzunehmen. Den Kirchenmauern war das ziemlich egal: Sie hatten schon unzählige Generationen von Kindern und Kindeskindern auf Hochzeiten gesehen.

In wachen Momenten drängt sich uns manchmal die Erkenntnis auf, dass wir in dieser Welt nicht wirklich zu Hause sind und es nie sein können:

Unser waches Selbst-Bewusstsein passt ganz und gar nicht zu unseren verfallenden Körpern. Unser inneres Leben, unser Denken, Wollen, Zweifeln und Streben: Ist es wirklich einfach so irgendwelchen Ursuppen-Molekülen entsprungen?

Wir fühlen uns nie vollends *angekommen* in dieser Welt: Denn selbst wenn alles perfekt wäre, bliebe immer noch die Angst, es wieder zu verlieren. Auch mit der *Zeit* können wir uns nie wirklich anfreunden. Meist läuft sie voraus, und man kommt zu spät; oft fühlt man, wie sie einem zwischen den Fingern zerrinnt. Nein, unsere Seele passt nicht zum Ablauf der Zeit, wie diese Welt ihn kennt.

Und dann gibt es das Problem mit den *Dingen* dieser Welt: So anziehend sie auch auf uns wirken mögen, es hat sich noch keines dadurch profiliert, dass es die innere Sehnsucht des Menschen gestillt hätte.

Liebe Leserin, lieber Leser, das alles bedeutet nichts anderes, als dass wir Menschen *»nicht von dieser Welt sind«*. Dass das, was uns ausmacht, einen anderen *Ursprung* und deshalb eine andere *Heimat* als das Erdengrab hat. Wenn unsere Seele nicht aus der *endlichen* Welt stammt, dann stammt sie vielleicht aus der unendlichen, der geistigen Welt? Wäre sie dann nicht ebenso unendlich, also *unsterblich*? Und wenn die Seele unsterblich wäre, wäre dann nicht unsere Zeit *in der Zeit,* also in dieser Welt, so etwas wie ein *Qualifikationsspiel* für die echte Show?

Was haben diese Überlegungen aber nun in einem Buch für Singles verloren? Wenn unser Leben mit einem *Qualifikationsspiel* vergleichbar ist – ich entschuldige mich für den Vergleich, der, wie jeder andere, hinkt –, dann wäre es doch das Wichtigste, die Regeln dieses Spiels und seine spezifischen Aufgaben genau zu kennen und zu erfüllen. Die große Show will man ja nicht verpassen, oder?

Die Suche nach diesen Regeln ist nichts anderes als das, wovon die Philosophen leben: die Frage nach dem Sinn des Lebens.

Die Philosophen fanden viele verschiedene Antworten: *Aber die Ehe war nicht dabei.* Ich schlussfolgere aus diesen Überlegungen: Ob Ehe oder nicht ist für den Sinn unseres Lebens zweitrangig. Die großen Ziele unseres Lebens haben mit dem Heiraten wenig zu tun.

Worin liegen nun Sinn und Glück? »Glück ist das Gefühl, lebendig zu sein«, schreibt der österreichische

Philosoph Peter Strasser.[45] Alexander Solschenizyn erklärt, dass der Sinn des Lebens das Wachstum der Seele ist. Christliche Denker stellen die Beziehung mit Gott in den Vordergrund: Gott erkennen, lieben, ihm dienen und heilig werden!

Ein Priester nahm mich einmal auf einer UNO-Konferenz zur Seite. »Sieh dir mal alle diese Leute hier an. Jeder ist ›wichtig‹, alle sind sie schwer beschäftigt. Aber wirklich wichtig ist in Wahrheit nur eines: *heilig zu werden!* Dann kann Gott Wege mit uns gehen, die wir uns nie hätten vorstellen können.« – »Aber, Monsignore, *wie* wird man denn heilig?« – »Indem man das, was Gott an diesem Tag von einem will, in perfekter Weise macht, ganz egal, was das ist.« – »Kein Unterschied also zwischen Klo putzen und Reden bei der UNO halten?« – »Nein!« – »Aber was heißt perfekt? Möglichst professionell und fehlerfrei?« – »*Perfekt* heißt, die Dinge so zu machen, wie Jesus sie machen würde: *mit großer Liebe.*«

Um heilig zu werden, braucht man keinen Ehepartner. Als Mensch gilt es, seiner Bestimmung nachzukommen. Verheiratet oder nicht.

---

45 Peter Strasser, »Was ist Glück? Über das Gefühl, lebendig zu sein«, Fink-Verlag, München, 2011.

Mein Freund ist der Herr
des Universums

Kennst du diesen gar nicht so dummen Witz? Ungeborene Zwillinge unterhalten sich. Sagt der eine: »Du,
glaubst du an ein Leben nach der Geburt?« – »Hm, ja
schon … Aber meinst du, dass es eine Mutter gibt?«

Wenn du an Gott glaubst, dann glaube *wirklich* an
ihn. Dann glaube an ihn als deinen Schöpfer. Dann
glaube an ihn als Freund und Wegbegleiter. Und als
deinen Endbahnhof. Dass er es gut mit dir meint. Dass
er einen Plan hat. Dass sein Plan der bessere ist. Dann
trage nicht nur dein Kreuz, sondern habe dieses Kreuz,
das er dir zumutet, gern. Er weiß warum.

Denen, die Gott lieben, gereicht alles zum Guten.
Schon mal gehört? Gott zu lieben ist eine *Haltung des
Herzens.* Es ist die Lebensweise an der Hand deines
Schöpfers. An der Hand des Schöpfers zu leben heißt,
alle wichtigen und unwichtigen Fragen mit ihm zu be-
sprechen, ihm einen Vertrauensvorschuss zu schenken
und das eigene Leben an der *Schöpfung* und den in sie
gelegten *Spielregeln* auszurichten.

Ach ja, die wirkungsvollste Antwort gegen Nega-
tives ist die Dankbarkeit. Bei jedem Gedanken der
Zukunftsangst: »Wie groß bist du, o Herr, und wie
wunderbar sind deine Wege.« Bei jedem Gefühl der
Einsamkeit oder Verzweiflung: »Sei gelobt, mein
Gott, für deine Liebe!« Ganz egal, was dir über die
Leber läuft: »Ich danke dir, Herr, für diese großartige
Gelegenheit!« Halte dich daran, im Zweifelsfall und
allezeit Gott zu danken und zu preisen. Und du wirst
sehen: *Alles wird neu geschaffen.*

Was dann genau passiert, weiß nur er. Aber dass es gut sein wird, weißt du schon jetzt. Und bis dahin lautet dein Beziehungsstatus: »Mein Freund ist der Herr des Universums.«

»Höre, Israel, der Herr ist unser Gott, der Herr ist einzig«

Bauleute erleben manchmal, dass beim Umbau des Türstocks eines alten Hauses eine kleine Schriftrolle gefunden wird. Dann wissen sie, dass mit großer Wahrscheinlichkeit der Text darauf hebräisch und die Besitzer des Hauses irgendwann einmal Juden waren. Der Text, den jüdische Familien in ihre Türstöcke mauern, heißt »Schma Israel« und stellt sozusagen das *mission statement*, das Leitbild des gläubigen Juden, dar. Dieses Leitbild gilt genauso für Christen und kann besonders in Tagen der Einsamkeit, der unerfüllten Sehnsucht, der Auflehnung eine Hilfe sein. Lies es aufmerksam – vielleicht mauerst du es auch in deinen Türstock:

Höre, Israel! Jahwe, unser Gott, Jahwe ist einzig. Darum sollst du den Herrn, deinen Gott, lieben mit ganzem Herzen, mit ganzer Seele und mit ganzer Kraft. Diese Worte, auf die ich dich heute verpflichte, sollen auf deinem Herzen geschrieben stehen. Du sollst sie deinen Söhnen wiederholen. Du sollst von ihnen reden, wenn du zu Hause sitzt und wenn du auf der Straße gehst, wenn du dich schlafen legst und wenn du aufstehst. Du sollst sie als Zeichen um das Handgelenk binden. Sie sollen zum Schmuck auf deiner Stirn werden.

Du sollst sie auf die Türpfosten deines Hauses und in deine Stadttore schreiben.

Und wenn ihr auf meine Gebote hört, auf die ich euch heute verpflichte, wenn ihr also den Herrn, euren Gott, liebt und ihm mit ganzem Herzen und mit ganzer Seele dient, dann gebe ich eurem Land seinen Regen zur rechten Zeit, den Regen im Herbst und den Regen im Frühjahr, und du kannst Korn, Most und Öl ernten; dann gebe ich deinem Vieh sein Gras auf dem Feld, und du kannst essen und satt werden. Aber nehmt euch in Acht! Lasst euer Herz nicht verführen, weicht nicht vom Weg ab, dient nicht anderen Göttern und werft euch nicht vor ihnen nieder! Sonst wird der Zorn des Herrn gegen euch entbrennen; er wird den Himmel zuschließen, es wird kein Regen fallen, der Acker wird keinen Ertrag bringen, und ihr werdet unverzüglich aus dem prächtigen Land getilgt sein, das der Herr euch geben will. Diese meine Worte sollt ihr auf euer Herz und auf eure Seele schreiben.[46]

---

46 Dtn, 6,4–9 und 11,13–18.

Ein Brief an eine traurige
unverheiratete Frau

Ida Friederike Görres[47] schrieb 1948 einen Brief an eine traurige unverheiratete Frau. Die überraschenden und bewegenden Antworten fasse ich im Folgenden in einer Aneinanderreihung von Zitaten zusammen.

Es gibt keinen passenderen Text, um dieses Buch zu beenden und den Leserinnen und Lesern ausreichend »Reiseproviant« mitzugeben.

»Nein, die einsame Frau ist nicht verschmäht, nicht gezählt, gewogen und zu leicht befunden. (Meinst Du übrigens, es gäbe unter Ehefrauen keine Verschmähten, und dies nach Jahren äußerer Gemeinsamkeit? Ist das minder hart? Gibt es Grausameres?) Sie ist gerade nicht gezählt und gewogen, sie ist noch gar nicht enthüllt worden.«

»Dein Los heißt nicht, dass keiner Dich seiner Lebensgemeinschaft für wert erachten konnte, sondern, dass Du den vielen, nicht dem Einen bestimmt bist. Glaub mir, kein Mensch ist für sich erschaffen, jeder für andere: nicht ›im Allgemeinen‹, … nein, für ganz Bestimmte, denen er dienen soll. Auch der Einsame und gerade er. Gott wird sie ihm zuführen, jeden zu seiner Stunde, und er muss ernstlich darum beten, dass er

---

47 Ida Friederike Görres, Von Ehe und von Einsamkeit, Ein Beitrag in Briefen, Verlag Ludwig Auer / Cassianeum / Donauwörth, Stuttgart-Degerloch 1949, S. 45 – 78.

diese Anbefohlenen erkenne und ihnen gerecht werde.

Immer nur fremde Leute, sagst du? Immer nur Fremde? Kann das beglücken? Dass sie nicht Fremde bleiben, darin besteht doch die Aufgabe. Dass sie von Fremden zu ›Eigenen‹ werden – freilich geht das nur, indem man sich selbst in gewissem Sinn ›übereignet‹: dass man echte Begegnung wagt, dass man echte Verantwortung übernimmt. Dass man jene Anvertrauten redlich annimmt, hineinnimmt in das eigene Dasein, mittragend, mitleidend, sich mitfreuend.«

»Überall braucht es ja den wachen Blick, das treffende Urteil, das mutige Herz, das vor keinem Einsatz zurückscheut, die zarte Geduld, die tüchtige Hand und das gute Wort … Wie sehe ich sie vor mir, … die Menschen, deren Leben und Gestalt mir diese Worte eingibt. Brunnen lebendigen Wassers sind sie, an denen viele Verschmachtende trinken, Leuchttürme, deren freundlicher Strahl rettend durch Finsternisse ruft und winkt, Salz der Erde! Wie könnte ich aufzählen, was ich ihnen verdanke!«

»Ist das ›schwer‹? Richtige Ehe ist auch schwer. Viele Kinder haben ist schwer, keine Kinder haben erst recht – das Leben ist wohl überhaupt nicht leicht und trifft jeden an der empfindlichen Stelle seines Herzens … Zwei große Aufgaben, scheint mir, hat der Einsame, beide von höchster Bedeutung für ihn selbst und für die Gemeinschaft: zu lieben und zu entsagen.«

»Was bleibt, ist also der Verzicht auf die Güter der Ehe, von denen wir neulich gesprochen haben: auf das eigene Kind, auf die lebenslange Geborgenheit im Geben und Nehmen, auf die totale Hingabe in der Gemeinschaft des Leibes, auf die Stillung der körperlichen Unruhe und Einsamkeit. Das ist nicht wenig.«

»Wer besitzt, bezahlt das Haben und Halten mit dem ständigen Wissen um Abschied und Verlust, das ihn unentrinnbar wie der eigene Schatten begleitet. Wer liebt und geliebt wird, trägt die volle Schale menschlichen Glückes, aber seine Füße sind nicht mehr frei und unbeschwert, ängstlich setzt er Schritt vor Schritt, sorgend und bangend, ob er keinen Tropfen verschüttet.«

»Unter diesen, die sich in ihre Einsamkeit ergeben haben und sich von ihr erfüllen lassen, wirst Du auch den berüchtigten und gefürchteten ›Knacks‹ nicht finden. Wenn so viele Unverheiratete ihn zur Schau tragen, so beweist das nur, dass sie den Auftrag ihres Lebens nicht begriffen oder verweigert haben.«

»Spürst Du, wie Deine Frage in eine tiefere, umfassendere einsinkt? *Ist* Armut ein Fluch, *muss* sie es sein? Kennst Du Péguys berühmte Unterscheidung von Armut und Elend – die eine streng und karg, aber menschenwürdig und voller eigener Werte – das andre menschenunwürdig und böse? Die Armut, die dem Reichtum näher steht als dem Elend, steht gleichsam noch auf derselben Seite, bloß auf einer anderen Stufe, während das

Elend jenseits der großen Kluft liegt. Gilt das nicht auch hier? Elend wäre also das *liebe*lose Leben, nicht das ehelose; das isolierte, nicht das einsame; das leere, nicht das karge; das von Güte, Wärme, Vertrauen vom Geben und Nehmen, vom lebendigen Austausch menschlicher Gemeinschaft wirklich abgeschnittene und verbannte Leben.«

»Wenn die Ledige sich darauf versteift und darein verbeißt, dass sie, von der Heirat ausgeschlossen, auf *alles,* nicht bloß auf dieses, verzichten muss, dass es keinen anderen Lebenssinn für sie *gibt,* dann wird sie freilich unfähig, die Frucht der Einsamkeit auch nur in den Blick zu bekommen, geschweige denn, sie zu erringen. Der aber ihre Gaben empfängt: Freiheit und Verfügbarkeit, Unerschütterlichkeit und Beweglichkeit, Klarheit und Weite, Stärke, Sammlung und Sehnsucht – der empfängt mit ihnen auch den Auftrag, in dem sie fruchtbar werden. Ehelosigkeit gewährt die Verfügbarkeit zu den hohen, seltenen und gefährlichen Dingen, die Freiheit zum Wagnis, zur Antwort auf den Anruf der steilen, der rücksichtslosen Notwendigkeit: Es gibt Aufgaben, denen der ehelich Gebundene sich entziehen und versagen muss, nicht aus Mangel an Mut oder Einsicht oder Bereitschaft, sondern ganz einfach, weil er nicht mehr in dieser Weise Verfügungsgewalt über sein Dasein und seine Kräfte besitzt, die schon zu anderem Dienst in Pflicht genommen sind.«

»Es geht dann nicht um Unterwerfung unter irgendeine abstrakte und tote ›Satzung‹, gegen die wir uns aufbäumen in dem schmerzlich erbitterten Stolz, dass unser lebendiges Gefühl und Schicksal doch jedenfalls und unvergleichbar ›mehr‹ bedeuten: es geht um den persönlichen Gott, der Seinen Willen über unser Leben setzt, den es als Herrn anzuerkennen – oder abzuschütteln gilt. … Solche Haltung lernt sich nicht mit einem Mal. Entsagung begibt sich nicht nur in dem einen Augenblick, da einer endlich den Widerstand aufgibt, weil ihm der Atem ausgeht, erledigt sich auch nicht mit einem einzigen ›heroischen Akt‹, auf dessen Lorbeeren sich fortan ausruhen lässt. Das ist nur der Anfang, danach kommt das Schwere, das Eigentliche, das Wahrmachen, das Verleiblichen der gefällten Entscheidung aus dem Stoff des täglichen Lebens.«

»Aber der Schmerz der ungestillten Sehnsucht ist gerade die ›offene Stelle‹ nach dem Unendlichen hin. Er verhindert nicht nur, dass die einsame Frau zur ›Junggesellin‹ wird, eingemauert in Selbstsuche und Weltsucht. Er soll die Türe werden zu einer neuen Nähe Gottes. Deshalb sind ja die flüchtigen Betäubungen dieses Schmerzes … so gefährlich – sie verderben weit mehr, als sie lindern, sie stumpfen die Empfänglichkeit für die eine große und wirklich heilsame ›Arznei‹, das Einverständnis mit dem göttlichen Willen, ab.«

»›Denn die Leiden dieser Zeit sind nicht zu vergleichen mit der kommenden Herrlichkeit‹ … Also sollen wir uns, sollen wir die Menschen ›auf das Jenseits vertrösten‹ – wie man's uns vorwirft? Natürlich sollen wir – wenn auch gerade nicht so, ›wie man's uns vorwirft!‹ [Jeder Mensch] weiß, dass die Verheißungen Gottes sich nicht einzig auf jenen noch nicht ausgereiften, wenn auch schon angebrochenen Teil seines Daseins beziehen, den wir fälschlich ›das Jenseits‹, richtiger das Kommende nennen, sondern dass er vor der Entscheidung steht, das ihn jetzt und hier anredende, anfordernde Wort Gottes anzunehmen oder zu verwerfen. Er sollte wissen, dass viele Seiner Verheißungen bereits dieses irdische Leben umfassen: die Rede von dem Mann, der sein Haus auf Sand oder Felsen baut, das immer wiederholte ›Wer zu Mir kommt‹ ... alles Versprechen von ›Segen‹ für den, der sich an Gott hält, von ›Beistand‹ und von Gnade.«

»Mir scheint, es wäre ein Prüfstein der Echtheit, ob einer sich entschließt, im und am Auferlegten nicht nur zu ›leiden‹, sondern darin auch glücklich zu werden. ... Die Wasser müssen wieder süß werden, verstehst Du mich? Und was hat sie so bitter gemacht wie die Selbstbespiegelung der eigenen ›Tragik‹, der Selbstgenuss der eigenen Schmerzen? ... Franziskus wollte doch nicht Arme, die ständig wehmütig dem Verlassenen nachtrauern, die Entbehrungen aufzählen und wägen und sich die kommenden erst recht greulich ausmalen. Im Gegenteil! Seine Armut leuchtet und überstrahlt sich im Wahrnehmen der ungezählten kleinen und großen Überraschungen, mit denen die ›Zuvorkommenheit Gottes‹, wie Friedrich von Hügel so wunderschön sagt, ihn allezeit überschüttet.«

»Wo lernt sich diese Freude? Aus dem Vorsatz, aus dem Grundsatz, aus der Reflexion und dem Pflichtbewusstsein? Sie lernt sich im Vollzug, das heißt: im Danken. Dank ist die hohe Schule der Freude. ... Wir danken immer zu wenig, und deshalb freuen wir uns zu wenig. ... Dem Verzichtenden schenkt sich die Schöpfung auf neue Weise zurück. Dem nicht mehr Fordernden laufen die Dinge entgegen. Ihm erschließt nicht nur der Himmel, sondern auch die Erde ihre verborgenen, übersehenen, unscheinbaren Köstlichkeiten. ... Er, der von der Armut lebt, hat Armutsrechte vor Gott.«

»Das wirst Du alles selbst entdecken, und es ist besser, man redet vorher nicht zu viel davon. Ich wollte Dir ja nur einen Weg gewiesen haben in das wunderreiche Land der Einsamkeit – erobern wirst Du es selbst, das ›wüste, weglose und wasserlose Land‹, darin Gott so vielen erschienen ist wie einst in der Wüste.«

Stichwortverzeichnis